آگسبرگ اعترافِ

آگسبرگ اعترافِ

The Augsburg Confession, in Urdu

By Philipp Melanchthon

Translated by Naomi Joseph

Cover Artwork by Nuwan Thenuwara,

"The Presentation of the Augsburg Confession"

Interior and cover design by Ahmed Ali

ISBN: 978-1-960840-44-8

S A L M

SouthAsiaLutheranMission.com

فہرستِ مضامین

اعترافِ آگسبرگ

مخصوص شہزادوں اور شہروں کی طرف سے 1530 کے سال میں ایمان کا اقرار، عظیم سامراج چارلس ٧ کو جمع کرایا گیا تھا۔ میں بادشاہوں کے سامنے تیری شہادتوں کا بیان کرونگا۔ اور شرمندہ نہ ہونگا۔ زبور 119:46

۔دیباچہ۔

شہنشاہ چارلس V کو سب سے زیادہ ناقابلِ تسخیر شہنشاہ، قیصر اگستس، سب سے زیادہ مہربان رب۔ آپ کو شاہی عظمت نے سلطنت کا ایک مقامی اجلاس آگسبرگ میں طلب کیا تاکہ ترکوں کے خلاف غور کیا جاسکے۔ جو موروثی ظالم اور مسیحیت کے نام اور مذہب کے قدیم دُشمن ہیں۔ ہم کس طرح اُنکے مضبوط اور مستعد فوجی دستوں کے غصّے اور حملوں کو مؤثر طریقے سے برداشت کر سکتے ہیں۔ آپ نے ہمیں ہمارے مسیحی ایمان اور مُقدس مذہب کے اختلاف رائے پر غور کرنے کے لیے طلب کیا۔ اِس طرح، آپ سب کی موجودگی میں، اس مذہب سے متعلق، سب کی، آراء اور فیصلے سُن سکتے ہیں۔ اور ہم باہمی کشادہ دلی، نرمی اور مہربانی سے مختلف دلائل پر غور و فکر کر سکتے ہیں۔

اس طرح جو بھی تحریری طور پر غلط بیانات یا اختلافات ہیں، ہر طرف سے خارج کر کے اُنکی اصلاح کی جا سکتی ہیں۔ تاکہ یہ معاملات طے کیے جاسکیں اور پھر سے ایک سادہ حقیقت اور مسیحی معاہدہ طے پا سکے۔ اِس طرح مستقبل میں ہم سب ایک خالص اور حقیقی مذہب کو برقرار کرتے ہوئے گلے لگا سکیں۔ جس طرح ایک مسیح کے تحت ہم جنگ لڑتے ہیں، تاکہ ہم بھی اتحاد اور اتفاق سے ایک مسیحی کلیسیا بن کر رہ سکیں۔

آپ نے ہم سب کو، زیر دستخط انتخاب کرنے والوں، شہزادوں اور ہمارے ساتھ دوسرے، جیسے انتخاب کُنندگان، شہزادوں اور صاحبِ املاک کو اس اجلاس میں طلب کیا ہے۔ ہم فوری طور پر آگسبرگ شاہی فرمان کی فرما برداری کی تعمیل میں حاضر ہو گئے۔ بے شک، ہم اس بات پر فخر نہیں کرنا چاہتے مگر ہم پہلے پہنچنے والوں کی فہرست میں آتے ہیں۔ آگسبرگ کے اِس اِجلاس کے آغاز کے مطابق آپ کے شاہی مرتبے نے انتخاب کنندگان، شہزادوں اور صاحبِ املاک کو دوسرے معاملات کے ساتھ تجویز کیا تھا کہ سلطنت کے مختلف صاحبِ املاک کو شاہی فرمان کے مطابق اپنی آراء اور فیصلے جرمن اور لاطینی زبان میں تحریری شکل میں پیش کرنے چاہیے۔ پھر آنے والے بُدھ کو ہم آپ کے شاہی مرتبہ کو مناسب غور کے بعد مضامینِ اقرار پیش کر سکیں۔ لہذا فرمانبرداری کے طور سے آپ کے شاہی مرتبہ کی خواہش کے مطابق،

مذہب کے حوالے سے ہم اپنے اور ہمارے مبلغین کے اقرار کو پیش کرتے ہیں۔ یہ دِکھانے کے لیے کہ وہ ہمارے خطے کے مختلف ریاستوں، سلطنتوں اور شہروں میں ہمارے گرجا گھروں میں کتابِ مُقدس میں خالص خدا کے کلام سے تعلیم دے رہے ہیں۔

اگر اور انتخاب کرنے والے، شہزادے اور ریاستوں کے صاحبِ جائیداد والے اس شاہی حُکم پر عمل کریں۔ تحریریں اس طرح پیش کریں، یعنی لاطینی اور جرمن زبانوں میں، اور اُن مذہبی معاملات کے بارے میں اپنی رائے دیں۔ ہم تیار ہیں، شہزادوں اور دوستوں کے ساتھ، جن کا پہلے ذکر کیا گیا ہے۔ یہاں آپ کی شاہی عظمت کے سامنے، ہمارے سب زیادہ مہربان رب، دوستانہ طریقے سے ہر چیز پر بات کرنے کے لیے۔ ہم باعزت طریقے سے ملاقات کے لیے تیار ہیں، تاکہ دونوں فریق ہمارے درمیان اختلاف کو پُرامن طریقے سے، جارحانہ جھگڑے کے بغیر بات چیت کر سکیں۔ اس طرح خُدا کی مدد سے اختلاف ختم ہو سکتا ہے، اور ہم ایک حقیقی مستقل مذہب کو برقرار رکھنے کیطرف لوٹتے ہیں۔ سب کے بعد، ہم سب ایک مسیح کے تحت ہیں، اور اس کے ماتحت جنگ کریں۔ اس لیے ہم سب کو ایک مسیح کا اقرار کرنا چاہیے، آپ کی عظمت کے فرمان کے مطابق، اور سب کچھ خدا کی سچائی کے مطابق کرنا چاہیے۔ ان سب کے لیے، ہم خدا سے نہایت پُرجوش دُعاؤں کے ساتھ دُعا کرتے ہیں۔

تاہم، یہاں انتخاب کر نیوالے شہزادے اور صاحب جائیداد ہیں جو دوسری طرف ہیں۔ اور آپ کی شاہی عظمت نے دانش مندی سے فرمایا کہ ہمیں مذہبی معاملات کو باہمی، تحریری اور پُرسکون مکالمات سے پیش کریں۔ اب اگر کوئی پیش رفت نہیں ہوتی، اور ہم اس کے ذریعے کوئی مثبت نتیجہ حاصل نہیں کرتے۔ ہم کم از کم آپ کو ایک واضح گواہی کے ساتھ چھوڑیں گے کہ ہم اپنی طرف سے مسیحی اتفاق پیدا کرنے کی راہ میں کوئی رکاوٹ نہیں ڈال رہے ہیں۔ یہ صرف خدا کے ساتھ ایک اچھے ضمیر سے ہی مُمکن ہے۔ اگر آپ اس معاملے کو ایک غیر جانبدار سماعت دیں، تو آپکی شاہی عظمت، اور اِن کے ساتھ ساتھ انتخاب کر نیوالے اور صاحبِ جائیداد اور وہ سب جو خلوص اور جوش سے مذہب سے پیار کرتے ہیں، احتیاط سے مشاہدہ کریں اور ہمارے اعتراف کو سمجھیں۔

آپکی شاہی عظمت، صرف ایک بار نہیں بلکہ اکثر، بشمول 1526 AD میں سپائرز کی مِیٹنگ میں بھی، آپکی شاہی عظمت نے ہدایات دیکر اور حکم کے ذریعے انتخاب کرنیوالوں، شہزادوں اور صاحبانِ جائیداد کو خوش اسلوبی سےمطلع کیا اور اِسے تحریر اور شائع کرنے کا باعث بنایا۔ دین کے اس معاملے میں آپکی عظمت بعض وجوہات کی بنا پر جو آپ کے نام پر بیان ہوئی ہیں، حتمی فیصلہ اور عزم کرنے پر آمادہ ہیں۔ بلکہ آپکی عظمت تندہی سے چاہتی تھی کہ آپ کی عظمت کا عُہدہ رومی پوپ کے ساتھ

ایک جنرل کونسل بُلانے کیلئے استعمال کریں۔ اُنہوں نے اسی پیغام کو سال پہلے اسپائیرز میں ہونے والے آخری اجلاس میں دوبارہ شائع کیا تھا۔ وہاں آپکی شاہی عظمت نے بوہیمیا اور ہنگری کے بادشاہ عزت مآب فِرڈیننڈ کے ذریعے، ہمارے دوست اور مہربان آقا نے نیز خطیب اور شاہی کمشنروں کے ذریعے، دیگر چیزوں کے ساتھ اعلان کیا کہ آپکی شاہی عظمت نے سلطنت میں آپکی عظمت کے نمائندے کی قرار داد کو نوٹ کیا اور اس پر غور کیا۔ اور صدر اور شاہی مُشیران کے نمائندے جو کہ راسٹین میں بُلائے گئے، ایک کونسل کے بلانے کے بارے میں آپکی شاہی عظمت نے بھی کونسل کا بُلانا مناسب سمجھا۔ اور یہ کہ آپ کی شاہی عظمت کو یقین تھا کہ رومن پوپ کو اس جنرل کونسل کے انعقاد پر آمادہ کیا جاسکتاہے، کیونکہ آپکی شاہی عظمت اور رومن پوپ کے مابین طے پانے والے معاملات، معاہدے اور مسیحی مفاہمت کے قریب تھے۔ اِس لیے آپکی شاہی عظمت نے خُود اس بات کی نشاندہی کی کہ آپ اپنی شاہی عظمت کے ساتھ ملکراس جنرل کونسل کو بُلانے کیلئے چیف پونٹف کی رضامندی حاصل کرنے کی کوشش کریں گے، جس کی جلد از جلد دعوت نامے کے خطوط سے تشہیر کی جائے گی۔ اس لیے اس کا نتیجہ ہمارے درمیان مذہبی اختلافِ رائے بھی ہو سکتا ہے اور دوسری طرف دوستانہ طور پر خوش اسلوبی سے طے پایا جا سکتا ہے۔ اس صورت میں یہاں آپکی شاہی

عظمت کی موجودگی میں ہم اپنی تمام اطاعت پیش کرتے ہیں، جو ہم پہلے بھی کرتے آئے ہیں۔ اور یہ کہ ہم سب پیش ہو کر، ایک عام مسیحی کونسل کے طور پر اپنے مقصد کا دفاع کریں گے۔ آپ کے دورِ حکومت میں ایسی کونسل بلانے کیلئے انتخاب کرنیوالوں، شہزادوں اور سلطنت کے دیگر اِملاک کے درمیان ہمیشہ آپس میں اتفاق اور معاہدہ رہا ہے۔ گزشتہ جنرل کونسل کی اسمبلی سے اور اِس وقت آپکی شاہی عظمت کے سامنے ہم نے اس اہم اور سنجیدہ معاملے کی بابت تمام ضروری رسمی اور قانونی طریقہ کار کے ذریعے خود ہی توجہ دی ہے اور اپیل کی ہے۔ ہم اب بھی آپکی شاہی عظمت اور کونسل، دونوں سے اپیل کرتے ہیں۔ جب تک کہ ہمارے اور دوسرے فریق کے درمیان اختلاف، خوش اسلوبی اور خیراتی طور پر طے نہ ہو جائے، ہم نہ ہی اس دستاویز یا کسی اور ذریعے اس اپیل کو ترک کرنے کا ارادہ کر سکتے ہیں، اور نہ ہی ہمارا ایسا کوئی ارادہ ہے۔ اس لیے تازہ ترین سامراجی سلطنت کی مدت کے مطابق دُور کر کے مسیحی انفاق میں لایا گیا ہے۔ اس کی ہم یہاں سنجیدگی اور عوامی سطح پر گواہی دیتے ہیں۔

ایمان کے اہم مضامین

مضمونI
خُدا پر ایمان

ہمارے چرچ متفقہ طور پر یہ تعلیم دیتے ہیں کہ Nicaea کے جماعت کے فرمان الٰہی جوہر کی وحدت اور تثلیث حقیقی کے بارے میں ضرور ہے کہ بغیر شُبہ کے ایمان رکھیں۔ اس کا مطلب ہے کہ صِرف خُدا ہے جو واحد متبرک جوہر ہے: ابدی، بِلا بدن، بِلا حِصے، لامحدود طاقت، حکمت اور نیکی، ہر چیز کا خالق اور دیکھی اور اندیکھی کا محافظ ہے۔ اس کے علاوہ اُس میں تین صورت، ابدی باپ، بیٹا اور روح القدس ہیں جو اُسی جوہر اور طاقت کے مالک ہیں۔ یہ تین روپ کا مطلب جو ہمارے پادری استعمال کرتے ہیں یہ نہیں کہ یہ کوئی حصّہ ہیں بلکہ معیاد خود قائم رہتا ہے۔

ہم اُن تمام بدعتوں کی مذمت کرتے ہیں جو اِس مضمون کے خلاف اُبھری ہیں۔ جیسا کہ مانیشین، جو دو اصول پر مبنیٰ ہیں، ایک اچھائی اور دوسری برائی۔ اِسکے علاوہ ہم اُن جیسے دوسرے: محمدی، یونو مین، آرین، ویلینٹینین کی مذمت کرتے ہیں۔ اس کے ساتھ ساتھ ہم پرانے اور نئے ساموسیٹین کی بھی مذمت کرتے ہیں جو یہ بحث کرتے ہیں

کہ خُدا صرف ایک واحد رُکن ہے اور یہ وہ لطافت اور بے ضمیری سے تعلیم دیتے ہیں کہ کلام اور پاک روح علیحدہ نہیں ہیں بلکہ ’’ کلام‘‘ بولے ہوئے الفاظ اور ’’ پاک روح‘‘ حرکت کی علامت ہے۔

مضمون II
اصلی گناہ پر ایمان

ہم یہ بھی تعلیم دیتے ہیں کہ جب سے آدم کا زوال ہوا اور سب انسان قدرتی طور سے گناہ میں پیدا ہوتے ہیں۔ اس لیے کہ وہ خدا کے خوف کے بغیر اور یقین کے بغیر اور لغزش کے ساتھ پیدا ہوئے ہیں۔ اور ہم یہ تعلیم دیتے ہیں کہ یہ بیماری اور اصل کے نائب حقیقی گناہ ہے، جو اب تک ہمیں مجرم ٹھہراتا ہے اور اُن تمام پر ابدی موت کی سزا سناتا ہے جو بپتسمہ اور پاک روح سے نیا جنم نہیں لیتے۔

ہم مذمت کرتے ہیں پِیلا جِین اور اُن جیسے دوسروں کی جو اس بات سے انکار کرتے ہیں کہ اصل بدکاری گناہ ہے اور یہ مسیح کی خُوبی اور فوائد کے جلال کو دُھندلا دیتا ہے۔ وہ یہ بحث اس لیے کرتے ہیں تاکہ خُدا کے سامنے اپنی طاقت اور عقل سے راستباز ٹھہر سکیں۔

مضمون III
خُدا کے بیٹے پر ایمان

ہم یہ بھی تعلیم دیتے ہیں کہ خُدا کا بیٹا، مُقدس مریم کے رحم میں انسانی شکل میں الٰہی اور انسانی فطرت کے ساتھ ظاہر ہوا، جو حقیقی خُدا باپ، حقیقی مسیح اور حقیقی انسان لازم و ملزوم ایک میں شامل ہو گئے، کنواری مریم سے پیدا ہوا۔ اُس نے حقیقت میں دُکھ سہا، مصلوب ہوا، مر گیا اور دفن ہوا تاکہ ہماری باپ سے رسائی ہو سکے، اور انسان کے ناصِرف اصل گناہ بلکہ اُسکے تمام حقیقی گناہوں کیلئے قربان ہو گیا۔ وہ پاتال میں اُترا اور تیسرے دن حقیقت میں جی اُٹھا اور پھر آسمان پر چڑھ گیا تاکہ باپ کے داہنے ہاتھ پر بیٹھ کر ہمیشہ کی بادشاہی کرے اور وہ تمام مخلوقات پر غالب ہے اور جو اُس پر ایمان رکھتے ہیں اُنکے دِلوں میں روح القدس بھیج کر مُقدس کرتا ہے تاکہ اُن پر راج کرکے آرام دے اور واپس زندگی دے کر اُنکو گناہ کی طاقت اور شیطان کے خلاف اُن کا دفاع کرے۔

وہی مسیح ظاہری طور پر واپس آئیگا تاکہ زندوں اور مُردوں کا فیصلہ رَسولوں کے عقیدہ کے مطابق اور انصاف کرے۔

مضمون IV
جواز پر ایمان

ہم یہ بھی تعلیم دیتے ہیں کہ انسان خُدا کے سامنے راستباز نہیں ہے۔ نا اپنی طاقت، خُوبیوں اور کاموں کی بُنیاد پر لیکن مسیح کی خاطر آزادانہ طور پر اپنے اس ایمان کے وسیلے کہ وہ یقین رکھتے ہیں کہ اُن پر مہربانی ہوئی اور یہ کہ اُنکے گناہ مسیح کی خاطر معاف کئے گئے جِس نے مرکر ہمارے گناہوں کا کفارہ دیا۔ خُدا اس عقیدہ کو صادق قرار دیتا ہے اور اُسکی نظر میں انسان پھر راستباز ٹھہرتا ہے۔ رومیوں کا تیسرا اور چوتھا باب۔

مضمون V

خِدمت پر ایمان

انجیلی تعلیم کی خدمت اور ساکرامنٹ کی ُبنیاد اس لیے مقرر کیے گئے تاکہ ہم ایمان حاصل کریں۔ کیونکہ کلام اور ساکرامنٹ اُنکے لئے ایک آلہ کار ہیں جو انجیل کو سنتے ہیں وہ پاک روح حاصل کرتے ہیں، یہ خدا کو پسند ہے۔ یہ اُن کیلئے خبر ہے کہ خُدا ہماری خوبیوں کی وجہ سے نہیں بلکہ مسیح کی خاطر اپنے فضل سے راستبازی عطا کرتا ہے۔

ہم مذمت کرتے ہیں اینا بیپٹسٹ اور ایسے دوسرے جو یہ سمجھتے ہیں کہ پاک روح بغیر بیرونی کلام سے نہیں بلکہ اُن کے اپنے کاموں اور قابلیت کی وجہ سے انسان حاصل کر سکتے ہیں۔

مضمون VI
نئی اطاعت پر ایمان

ہم ایمان کی پابندی کی بھی تعلیم دیتے ہیں۔ جو احکامِ خُدا کے اچھے کاموں کے اچھے پھل لانے کیلئے ناصرف ضروری ہیں بلکہ خُدا کی مرضی کے مطابق بھی ہے۔ بلکہ ہم یہ بھی سکھاتے ہیں کہ اپنے کاموں پر بھروسہ کر کے خُدا کے سامنے خود کو راستباز نہ سمجھیں۔ کیونکہ صرف ایمان ہی سے گناہوں کی معافی اور راستبازی ممکن ہے۔ یہ مسیح کے الفاظ میں اس طرح تصدیق کرتا ہے۔ لوقا 17:10

اِسی طرح تم بھی جب اُن سب باتوں کی جن کا تمہیں حکم ہوا تعمیل کر چُکو تو کہو کہ ہم نکمّے نوکر ہیں۔ جو ہم پر کرنا فرض تھا وہی کیا ہے۔

پادری صاحبان بھی یہی تعلیم دیتے ہیں۔ امبروز کہتا ہے کہ خُدا نے مقرر کیا کہ جو مسیح پر ایمان رکھتا ہے وہی نجات پاتا ہے اور اپنے گناہوں کی مُفت معافی حاصل کرتا ہے، نہ کام سے اور نہ ہی صرف ایمان سے۔

مضمون VII
چرچ پر ایمان

ہم اس بات کی بھی تعلیم دیتے ہیں کہ پاک گرجے ہمیشہ کیلئے ہیں۔ گرجا، رسولوں کی جماعت ہے، جہاں انجیل کو صحیح سے سکھایا جاتا ہے اور ساکرامنٹ کا انتظام انتہائی مناسب طریقے سے کیا جاتا ہے۔

اور ہم یہاں یہ بھی سکھاتے ہیں کہ پاک گرجا ہمیشہ برقرار رہے گا۔ یہ انجیل اور ساکرامنٹ کے انتظامات پر بہت مُتفق ہے۔ ضروری نہیں کہ لوگوں کی روایات یا رسومات و تقریبات ہر جگہ یکساں ہوں۔ جیسے پولُوس فرماتا ہے، اِفسیوں4:5-6

ایک ہی خُداوند ہے۔ ایک ہی ایمان۔ ایک ہی بپتسمہ: اور سب کا خُدا اور باپ ایک ہی ہے۔ جو سب کے اوپر اور سب کے درمیان اور سب کے اندر ہے۔

مضمون VIII
چرچ کیا ہے؟

اگرچہ گرجا کامل طور پر مقدسوں اور حقیقی ایمانداروں کی کلیسیا ہے، اسکے باوجود اس زندگی میں بہت سے منافق اور شرارتی لوگ اِن کے درمیان مخلوط ہو جاتے ہیں۔ مسیح کہتا ہے کہ ساکرامنٹ بدکار کیلئے بھی روا ہے۔ مّتی 23 :2 ''فقیہ اور فریسی مُوسیٰ کی گدی پر بیٹھے ہیں۔'' ساکرامنٹ اور کلام دونوں ادارہ اور مسیح کے احکامات کی وجہ سے بدکار لوگوں کیلئے بھی ہم ڈونائیٹ اور اُنکی طرح کے دوسرے کی مذمت کرتے ہیں، جو یہ خیال رکھتے ہیں کہ گر جا کے بدکاروں کی خدمت غیرمنافع بخش یا اثر کے بغیر نہیں ہوتی۔

مضمون IX
بپتسمہ پر ایمان

ہم یہ تعلیم دیتے ہیں کہ بپتسمہ نجات کیلئے ضروری ہے اور
یہ کہ بپتسمہ کے ذریعے خُدا کا فضل ظاہر ہوتا ہے۔ ہم یہ
بھی تعلیم دیتے ہیں کہ بچے جب بپتسمہ کیلئے لائے جاتے
ہیں تو وہ خُدا کے فضل میں داخل ہوتے ہیں۔ ہم اینا بیپٹسٹ
کی مذمت کرتے ہیں جو بپتسمہ کو یہ کہہ کر مسترد کرتے
ہیں کہ بچے بپتسمہ کے بغیر نجات پاتے ہیں۔

مضمون X

عشاء ربّانی پر ایمان

عشاء ربّانی پر ہم یہ تعلیم دیتے ہیں کہ جب عشاء ربّانی تقسیم کی جاتی ہے تو مسیح کا بدن اور خُون حقیقت میں مُوجود ہوتا ہے۔ اور ہم جو اِس کے علاوہ تعلیم دیتے ہیں اُنہیں مسترد کرتے ہیں۔

مضمون XI
اقرار پر ایمان

اقرار پر ہم یہ تعلیم دیتے ہیں کہ نجی معافی گرجوں میں جاری رہنی چاہیے۔ اگرچہ، تمام گناہوں کی تفصیل کیلئے، اقرار ضروری نہیں۔ زبُور 19:12 کے مطابق، ناممکن ہے کہ ''کون اپنی بھول چُوک کو جان سکتا ہے؟''

مضمون XII
توبہ پر ایمان

توبہ کے بارے میں ہم یہ تعلیم دیتے ہیں کہ گنا ہوں کی معافی اُنکے لیے ہے جو بپتسمہ کے بعد تبدیل ہونے کے بعد گر پڑے ہیں۔ اِن حالات میں گرجا، جو توبہ کرنے کیلئے لوٹتے ہیں،خلاصی دیا کرے۔

اب توبہ کی، مناسب طور پر،دو حصے ہیں:

پہلا ندامت یا پشیمانی، یہ ضمیر کو کُچلنے والی دہشت ہے جو گناہ سے آگاہی سے ہوتی ہے۔ اور دوسرا ایمان، جو انجیل سے پیدا ہوتا ہے یا معافی سے۔ ایمان وہ یقین ہے کہ مسیح کی خاطر، گناہ معاف کیے جاتے ہیں اور وہ ضمیر کو تسلی بخشتا ہے اور تمام دہشت سے نجات ملتی ہے۔ پھر توبہ کے پھل یعنی اچھے اعمال پیروی کرنے کے پابند ہو جاتے ہیں۔ ہم اپنا بیپٹسٹ کی مذمت کرتے ہیں، جو کہتے ہیں کہ، جو ایک بار راستباز ہوا وہ پاک روح کو کبھی کھو نہیں سکتا۔ ہم اُن کی بھی ملامت کرتے ہیں جو یہ بحث کرتے ہیں کہ کچھ انسان اپنی زندگی میں ایسا کمال حاصل کر لیتے ہیں کہ وہ پھر کبھی گناہ نہیں کر سکتے۔

ہم نو وا شینز کی بھی مذمت کرتے ہیں جو بپتسمہ کے بعد کیے گئے گناہوں کو معاف نہیں کرتے حالانکہ وہ پشیمانی

کے ساتھ واپس آتے ہیں۔ ہم اُنکو بھی مسترد کرتے ہیں جو گناہوں کی معافی ایمان سے ملتی ہے کی تعلیم نہیں دیتے بلکہ یہ حُکم دیتے ہیں کہ ہم یہ فضل، اطمینان اپنی ذاتی لیاقت سے حاصل کر سکتے ہیں۔

مضمون XIII
ساکرامنٹ کے استعمال پر ایمان

ساکرامنٹ کے استعمال پر ہم یہ تعلیم دیتے ہیں کہ ساکرامنٹ صرف اس لیے نہیں قائم کیے گئے کہ آدمیوں کے درمیان پیشے کا نشان ہو بلکہ خُدا کی مرضی ہماری طرف ہے کا نشان اور گواہی ہو۔ خُدا نے ساکرامنٹ اس لیے قائم کیے تاکہ جو اُنہیں استعمال کرے اُن میں ایمان بیدار ہو اور اُسکی تصدیق ہو۔ اسی وجہ سے ہمیں ساکرامنٹ اس طرح استعمال کرنے چاہیے کہ ایمان اُسمیں شامل ہو، اُن وعدوں کا یقین ہو جن کی پیشکش ساکرامنٹ کے ذریعے آگے مقرر ہوئے ہیں۔ اس لیے ہم اُن کی مذمت کرتے ہیں جو ساکرامنٹ کو ظاہری عمل سے ادا کرنے کی تائید کرتے ہیں۔ اُن کی بھی جو اُسکی تعلیم نہیں دیتے کہ ساکرامنٹ کیلئے ایمان ضروری ہے تاکہ یقین ہو کہ گناہ معاف ہو چکے ہیں۔

مضمونXIV
کلیسیائی ترتیب پر ایمان

کلیسیائی ترتیب کے بارے میں ہماری یہ تعلیم ہے کہ کوئی
بھی باقاعدہ بُلاہٹ کے بغیر نہ گرجے میں تعلیم دے نہ
ساکرامنٹ کا بندو بست کرے۔

مضمون XV
کلیسیائی رسُومات پر ایمان

گرجا گھر کی رسومات کے بارے میں ہماری یہ تعلیم ہے کہ اُن پر توجہ کریں جو گناہ کے بغیر، اور گرجا کیلئے منافع بخش سکون اور اچھے انتظام کر سکتے ہیں۔ جیسے خاص پاک ایام، تقریبات اور اس طرح کے اور تہوار۔

تاہم، اس بارے میں، ہماری تمام لوگوں کیلئے یہ نصیحت ہے کہ وہ یہ سب اس خیال سے نہ کریں کہ نجات حاصل کرنے کیلئے یہ سب کرنا ضروری ہے۔

ہماری نصیحت یہ بھی ہے کہ جو انسانی روایات خُدا کی تسکین، فضل اور گناہوں کی خاطر قائم کی گئی ہیں، وہ سب انجیل اور ایمان کے نظریے کے مخالف ہیں۔ اِسی وجہ سے گناہوں کی خاطر اور ذاتی نجات کے بارے میں جو مَنتیں اور روایات، گوشت اور دِنوں کیلئے قائم کی گئی ہیں وہ سب بے قاعدہ اور انجیل کے برخلاف ہیں۔

مضمون XVI
عوامی اُمور پر ایمان

عوامی امور کے بارے میں ہماری یہ تعلیم ہے کہ معاشرتی قانونی شرع خُدا کے بھلائی کے کام ہیں مسیحیوں کو اجازت ہے کہ وہ عوامی دفتر رکھیں، عدالت کے قاضی ہوں اور سامراج کے عدالتی معاملات اور موجودہ قوانین کو دیکھیں، بجا طور پر سزا سنائیں اور ملکوں کے درمیان جنگوں میں ملوث ہوں، فوجی بن کر، قانونی معاہدے بنا کر، صاحبِ جائیداد بن کر، حاکمِ فوجداری کے سامنے حَلف اُٹھائیں، شادی کریں اور / یا شادی کیلئے پیش ہوں۔

ہم مذمت کرتے ہیں اینا بیپٹسٹ کی سوچ پر جو مسیحیوں کو عوامی دفاتر کیلئے منع کرتے ہیں۔ ہم مُذمت کرتے ہیں اُن سب کی جو انجیلی بشارت کے کمال کو خداوند کے خوف اور ایمان میں وہ درجہ نہیں دیتے اور عوامی دفاتر کو ترک کرتے ہیں۔ انجیل سے ہمیں دلی دائمی راستبازی کا درس ملتا ہے۔ اس دوران، انجیل ریاست یا خاندان کو تباہ نہیں کرنا چاہتی، بلکہ خُدا کے احکامات کو برقرار رکھنے کا مطالبہ کرتی ہے اور خیرات کی عادت کو شرع کے تحت قائم رکھنے کا تقاضہ کرتی ہے۔ اسلیئے، مسیحی کو چاہیے کہ وہ اپنے حُکام اور قانون کی پابندی سے اطاعت گزار رہیں۔ عِلاوہ اِسکے کہ وہ اُنہیں گناہ کرنے کا حُکم دیں۔ کیونکہ اِس امر میں اُنکو خُدا کا حُکم ماننا زیادہ لازم ہے نہ کہ انسان کا۔ اعمال 5:29

مضمون XVII
قیامت کے وقت مسیح کی آمد پر ایمان

ہم اس بات کی بھی تعلیم دیتے ہیں کہ دُنیا کی آخرت کے وقت مسیح، عدالت کرنے کیلئے رُونما ہو گا اور تمام مُردوں کو زندہ کریگا۔ وہ دیندار اور اپنے چنُے ہوؤں کو ابدی زندگی اور لازوال خوشی بخشے گا، مگر بے دین اور شیطانوں کو مُجرم ٹھہرائے گا اور اُنکو مسلسل عذاب میں مُبتلہ کرے گا۔

ہم اینا بیپٹسٹ کی مذمت کرتے ہیں، سمجھتے ہیں کہ ان مُجرم انسانوں اور شیطانوں کی سزا ایک وقت کے بعد ختم ہو جائیگی۔ ہم ایسے دُوسروں کی بھی مذمت کرتے ہیں جو یہ یہودی خیالات کو پھیلا رہے ہیں کہ مُردوں کی قیامت سے پہلے دیندار دنیا کی بادشاہی پر قبضہ کرلیں گے اور ہر جگہ بے دینوں پر قابض ہونگے۔

مضمون XVIII
آزاد مرضی پر ایمان

آزاد مرضی کے بارے میں ہماری یہ تعلیم ہے کہ آدمی کو ایک حد تک آزادی ہے کہ وہ اپنی مرضی سے شہری راستبازی اختیار کرے، اور اِسکی وجہ سے اُسے تابع رہ کر کام کرنے پڑتے ہیں۔ مگر آدمی کی مرضی کا کوئی اختیار پاک روح کے بغیر نہیں ہے۔ نا ہی وہ خُدا کی راستبازی کے کام یعنی روحانی راستبازی کے کام کر سکتا ہے۔ یہ اس لیے کہ 1کرنتھیوں 2:14 میں لکھا ہے:

''مگر نفسانی آدمی خُدا کے روح کی باتیں قبول نہیں کرتا کیونکہ وہ اُس کے نزدیک بیوقوفی کی باتیں ہیں اور نہ وہ انہیں سمجھ سکتا ہے کیونکہ وہ روحانی طور پر پرکھی جاتی ہیں۔''

روحانی راستبازی دل میں اُس وقت پیدا ہوتی ہے جب پاک روح کو کلام سے قبول کیا جاتا ہے۔

آگسٹن ان چیزوں کے بارے میں اپنی کتاب Book III Hypognostican میں بہت کچھ کہتا ہے۔

''ہم قبول کرتے ہیں کہ آدمی کو آزادانہ مرضی کا حق ہے۔ وہ جب تک آزاد ہے جب تک اُسے کسی وجہ سے فیصلہ

کرنا ہو۔ وہ اِس قابل نہیں ہے کہ خُدا سے متعلق چیزوں کو
خُدا بغیر شروع کر سکے یا مکمل کر سکے۔ سوائے اپنی
زندگی کے کاموں سے چاہیے وہ اچھا ہو یا بُرا۔ میں"اچھا"
اُن کاموں کو کہتا ہوں جو اچھی خصلت کیوجہ سے کیے
گئے، جیسے، اپنی مرضی سے کھیت میں مزدوری کرنے
سے، کھانے پینے سے، دوست رکھنے سے، خُود کو لباس
سے ملبس کرنے سے، اپنا گھر قائم کرنے سے،شادی کرنے
سے، مویشی پالنے سے، مختلف مفید مہارت سیکھنے سے
یا جو بھی اس زندگی کیلئے اچھا ہو۔ یہ سب چیزیں خُدا کی
قدرت پر انحصار کیے بغیر نہیں ہیں۔ بے شک، اس کے
ذریعے وہ ہیں اور اُن کا وجُود اُس میں مُمکن ہے۔ میں اُن
سب کو "بدی" کے کام کہوں گا، جیسے بُت پرستی، قتل
وغیرہ۔

ہم Pelagians اور اس طرح کے دوسرے لوگوں کی مذمت
کرتے ہیں جو یہ سکھاتے ہیں کہ پاک روح کے بغیر اور
اپنی قدرتی طاقت اور زور سے ہم تنہا خُدا سے محبت رکھ
سکتے ہیں۔ اِس کے علاوہ خُدا کے احکامات، دل پر اثر
کرنیوالا ہے اور "عمل کرنے کا مادہ ہے۔ " ظاہری کام
انسان اپنی قدرت سے کر سکتا ہے (اپنی مرضی سے وہ
قتل چوری سے اپنے ہاتھوں کو باز رکھ سکتا ہے) اِسکے
علاوہ وہ اپنی باطنی حرکات نہیں پیدا کر سکتا، جیسے
خوفِ خُدا، خُدا پر بھروسہ، صبر اور پاکیزگی وغیرہ۔

مضمون XIX
گناہ کا سبب پر ایمان

گناہ کا سبب کے بارے میں ہماری یہ تعلیم ہے کہ خُدا قدرت کو تخلیق کرتا ہے اور اُسکو محفوظ رکھتا ہے۔ گناہ کا سبب بحر صورت، شریروں کی مرضی یعنی شرارتی اور بے دین آدمی ہیں۔ اس لیے، وہ خُدا سے دور ہو گئے کیونکہ وہ خُدا کے بغیر ہیں۔ مسیح کہتا ہے، یوحنا 8:44''جب وہ جھوٹ بولتا ہے تو اپنی سی کہتا ہے کیونکہ وہ جُھوٹا ہے بلکہ جُھوٹ کا باپ ہے۔''

مضمون XX

اچھے اعمال پر ایمان

ہمارے اساتذہ پر اچھے کاموں سے منع کرنے کا الزام ہے۔ اس بات کے گواہ اُن کی شائع شدہ تحریریں ہیں جو دس احکامات پر، یا اس طرح کے موضوعات ہیں۔ اِس سے یہ پتہ چلتا ہے کہ اُنہوں نے تمام اِملاک اور دُنیا کے فرائض، اِملاک کی زندگی اور کام جو خُدا کو خُوش کرنے کیلئے ضروری ہیں، اُسکی اچھے سے تعلیم دیتے ہیں۔ اس سے پہلے مُبلغین نے شاید ہی ان سے متعلق تعلیم دی ہو، اور اس کے برعکس انہوں نے بچکانہ اوربے مقصد کاموں کی تعلیم، جیسے کہ مُقدس دن، روزے، بھائی چارے، زیارتیں، رسولوں کے اعزاز میں خدمتیں، تسبیح، گوشہ نشینی۔ اُس وقت سے ہمارے مخالفین نے ان چیزوں کے بارے میں ہدایت دینا شروع کیا ہے کہ یہ کام کرنے سے منع کر رہے ہیں۔ اس کے بجائے غیر منافع بخش کاموں کی تعلیم پہلے کی طرح نہیں دے رہے ہیں۔ اِس کے علاوہ،اُنہوں نے ایمان کا ذکر شروع کر دیا ہے، جس کے بارے میں وہ حیران کن طریقے سے خاموش تھے۔ ہمارے مخالفین اب یہ سکھاتے ہیں کہ راستبازی صرف اعمال سے حاصل نہیں ہو سکتی بلکہ دونوں ملکر یعنی ایمان اور اعمال سے۔ یہ نظریہ سابقہ نظریے سے زیادہ قابلِ برداشت ہے اور زیادہ اطمینان عطا کرتا ہے۔

اس وجہ سے،ایمان کا نظریہ، جو گرجے کا اولین نظریہ ہونا چاہیے تھا، بہت مُدت تک نا معلوم رہا۔ اور سب نے تسلیم کیا ہے کہ خُطبات میں ایمان کی راستبازی کے بارے میں گہری خاموشی رہی، جبکہ نظریہ کے کاموں کو اہمیت دی گئی۔ ہمارے اساتذہ گِرجوں میں ایمان کے بارے میں یہ تعلیم دیتے ہیں:

اول یہ کہ خُدا سے مصالحت کی بنیاد اور گناہوں کی معافی فضل اور راستبازی ہے۔ بلکہ، ہم اس کو صرف ایمان سے تب حاصل کر سکتے ہیں، جب ہم یہ یقین کریں کہ یہ احسان ہم پر مسیح کی خاطر کیا گیا ہے۔ 1 تمیھتیس 2:5 ''کیونکہ خُدا یک ہے اور خُدا اور انسان کے بیچ میں درمیانی بھی ایک یعنی مسیح یسوع جو انسان ہے۔ ''مسیح ہمارا واحد ثالث اور کفارہ ہے۔ اس لیے اگر کوئی یہ سمجھتا ہے کہ وہ اپنے اعمال کی وجہ سے فضل کما سکتا ہے تو وہ مسیح کے فضل کی توہین کرتا ہے کیونکہ وہ خُدا کی تلاش مسیح کے بغیر تلاش کرتا ہے اور انسانی طاقت کو اِس کی بُنیاد سمجھتا ہے۔ حالانکہ مسیح نے اپنے بارے میں یوں کہا ہے: یوحنا 14:6 ''راہ، حق اور زندگی میں ہوں۔ ''

پولُوس نے ایمان کے بارے اس نظریہ کو ہر جگہ پیش کیا ہے۔ افسِیوں 2:8 ''کیونکہ تم کو ایمان کے وسیلہ سے فضل ہی سے نجات ملی ہے اور یہ تمہاری طرف سے نہیں، خُدا کی بخشش ہے۔ '' وغیرہ

اور کوئی بھی چالاکی سے یہ نہ کہہ سکے کہ ہم یہ نئی تشریح پولُوس سے لیکر آئے ہیں۔ اس سارے معاملے کی حمایت میں پادریوں کی شہادتیں ہیں جو اس کی تائید کرتے ہیں۔ آگسٹن نے بہت ساری جلدیں فضل کے دفاع اور فضل کی راستبازی کے بارے میں تحریر کی ہیں جو اعمال کی بنیاد کے خلاف ہے۔ اور اَمبروز نے اپنی کتاب De Vacatione Gentium اور دوسری کُتب میں یہی بات سکھاتا ہے۔ اسکی اپنی کتابDe Vocatione Gentium میں وہ یوں تحریر کرتا ہے: ''مسیح کے خُون سے چھٹکارے کی کوئی قدر نہ رہے گی نا ہی خُدا کی رحمت کو انسانی اعمال منسُوخ۔ اس کا جواز گویا یوں ہوگا جیسے مزدوری کا صلّہ ہے نہ کہ فضل کے ذریعے ملتا ہے جو کہ مفت تُحفہ ہے۔ ''

اگرچہ جاہل لوگ اس نظریے کو حقیر سمجھتے ہیں، اِسکے باوجود، خوفِ خدا رکھنے والے اور فکرمند ضمیر رکھنے والے اپنے تجربے سے جانتے ہیں کہ یہ سب سے بڑی تسلی لاتا ہے۔ اور یہ اسلئے کہ ضمیر کبھی بھی کسی کام کی وجہ سے سکون محسوس نہیں کرتا بلکہ صرف ایمان سے، جبکہ اُنکا پختہ یقین ہے کہ مسیح کے وسیلے سے خُدا سے مصالحت مُمکن ہے۔ جیسا کہ پولُوس سکھاتا ہے: رومیوں 5:1 ''پس جب ہم راستباز ٹھہرے تو خُدا کے ساتھ اپنے خُداوند یسوع مسیح کے وسِیلہ سے صُلح رکھیں۔ ''

یہ پورے نظریہ کا تنازعہ خوفزدہ ضمیر کے ارد گرد گھومتا ہے،اور اِسی تنازعہ کے بغیر یہ سمجھا بھی نہیں جا سکتا۔ اسی لیے ناتجربہ کار اور دُنیاوی ذہن والے لوگ بھٹک جاتے ہیں۔ کیونکہ یہ تصور کرتے ہیں کہ مسیحی راستبازی بھی عام فلسفیانہ راستبازی دونوں ایک ہی ہیں۔

پہلے ضمیر، جب تک انہوں نے انجیل کی تسلی کے بارے میں نہ سُنا تھا، کاموں کے نظریہ سے دو چار تھے۔ کچھ لوگوں کے ضمیر، اُنکو صحرہ اور خانقاہوں میں لے گئے جہاں وہ اس اُمید سے گئےکہ اِس طرزِ زندگی سےاُنہیں فضل حاصل ہو جائے گا۔ کچھ لوگ اور طرح کے کاموں سے فضل حاصل کرنے کی کوشش کرتے رہے کہ گنا ہوں کی تسکین پالیں گے۔ اسی لیے اس بحث کی اشد ضرورت ہے تاکہ مسیح میں ایمان کے نظریہ کی تجدید کی جائے۔ تاکہ پریشان ضمیر تسلی پائے بغیر نہ جائیں بلکہ اچھی طرح یہ جان لیں کہ وہ گناہوں کی معافی، فضل اور راستبازی سب ایمان سے حاصل کر سکتے ہیں۔

یہاں ہمیں اس بات سے محتاط ہونے کی ضرورت ہے کہ"ایمان" سے مُراد صرف واقعات کا علم نہیں ہے۔ مثلاً شرارتی لوگ اور شیطان کا ایمان۔ بلکہ ایمان یہ ظاہر کرتا ہے کہ صرف تاریخ پر یقین مت کرو بلکہ اُسکے نتائج یعنی یہ مضمون: گناہوں کی معافی، جیسے ہم کہہ سکتے

ہیں فضل، راستبازی اور گناہوں کی معافی مسیح کے ذریعے ہے۔

جو بھی یہ جانتا ہے کہ اُسکے پاس باپ ہے، جو مسیح کی خاطر اُس پر مہربان ہے، حقیقت میں خُدا کو جانتا ہے۔ اُسے معلوم ہے کہ خُدا اُسکی پرواہ کرتا ہے اور وہ خُدا کو اِسی لیے پکارتا ہے۔ مُختصر یہ کہ جیسے غیر اقوام خُدا کے بغیر ہیں، بے دین اور بدروحوں کو اس مضمون پر یقین ہے: گناہوں کی معافی اِسی وجہ سے وہ خدا سے نفرت کرتے ہیں اور اس سے کچھ اچھے کی توقع نہیں رکھتے۔ آگسٹئن اپنے قارئین کو ''ایمان''کے بارے میں خبردار کرتا ہے اور سکھاتا ہے کہ الفاظ ''ایمان'' کلام میں قسم کا علم نہیں ہے جو بے دین کے پاس ہے۔ بلکہ خوفزدہ ذہن کو حوصلہ اور تسکین دینے کیلئے ہے۔

مزید ہم یہ تعلیم دیتے ہیں کہ اچھے کام اِس لیے ضروری نہیں کہ فضل حاصل کریں بلکہ اسلئے کہ خُدا کی مرضی اِسی میں ہے۔ ایمان رکھنے سے کوئی بھی اپنے گناہوں کی معافی حاصل کر سکتا ہے، اور یہ مُفت ہے۔ اور چونکہ پاک روح ایمان کے ذریعے ملتا ہے اسلئے دِلوں کی تجدید ہوتی ہے اور نئے پیار سے نوازے جاتے ہیں، جس کا نتیجہ اپنے آپ اچھے کاموں سے ہوتا ہے۔ کیونکہ امبروز کہتا ہے:''ایمان نیک نیتی اور صحیح عمل کی ماں ہے۔''

پاک روح کے بغیر انسانی قوت، ناپاک خواہشات سے بھرپُور اور جو خُدا کی نظر میں بھلے کام ہوں، اُس کیلئے بہت کمزور ہو جاتا ہے۔ اِس کے علاوہ وہ شیطان کے قبضے میں ہوتا ہے، جو اُن آدمیوں کو مُختلف قسم کے گناہوں، بے دین خیالات اور بے باک جرائم پر اُکساتا ہے۔ ہم اُن فلسفیوں کی زندگیوں میں یہ بات دیکھتے ہیں، جو اپنی زندگی راستبازی سے گزارنا چاہتے ہیں۔ مگر وہ ایسا کرنے میں کامیاب ہونے سے قاصر ہوتے ہیں اور خُود کو ناپاک کر کہ بے باک جرائم سرزد کر لیتے ہیں۔ یہی انسانی کمزوری ہے جب وہ ایمان کے بغیر اور پاک روح کے بغیر خُود اپنی انسانی طاقت سے خُود پر حکُومت کرنا چاہتا ہے۔

اس سے کوئی بھی یہ دیکھ سکتا ہے کہ ہمارا نظریہ اچھے کام کرنے سے روکنے کا قصوروار نہیں ہے، بلکہ قابلِ تعریف ہے کیونکہ یہ بتانا ہے کہ کس طرح انسانی فطرت اچھے کام کرنے کے لائق ہے۔ اِسی لیے، بغیر ایمان کے انسانی فطرت سے ناممکن ہے کہ وہ پہلا اور دوسرا حُکم بجا لانے کے اچھے کام کر سکے۔ ایمان کے بغیر انسانی فطرت خُدا کو نہیں پُکار سکتی اور نہ ہی خدا سے کسی چیز کی توقع کر سکتی ہے، اور نہ ہی برداشت کر سکتی ہے بلکہ وہ انسان پر بھروسہ اور اُسکی مدد کی تلاش میں رہتی ہے۔ جہاں ایمان نہ ہو اور خُدا پر بھروسہ نہ ہو، وہاں ہر قسم کی ہوس اور انسانی خیالات دل پر حاوی رہتے ہیں۔

اِس لیے مسیح کہتا ہے: یوحنا 15:5 ''کیونکہ مُجھ سے جُدا
ہو کر تم کُچھ نہیں کر سکتے۔''

اور گرجا ستائش کرتا ہے

آپ کے الٰہی فضل کی کمی سے

انسان میں کچھ بھی نہیں پایا جاتا

اُس میں کوئی بھی چیز بے ضرر نہیں۔

مضمون XXI
اولیاء کی عبادت پر ایمان

اولیاء کی عبادت پر ایمان کی ہم یہ تعلیم دیتے ہیں کہ ہم اپنی بُلاہٹ کے مطابق اُنکے ایمان اور نیک کاموں کو یاد رکھیں۔ مثال کے طور پر شہنشاہ نے داؤد کی تقلید میں ترکوں کو اپنے ملک سے بھگانے پر مجبور کیا۔ حالانکہ دونوں بادشاہ ہیں۔ کلام، بہر کیف، یہ نہیں سکھاتا کہ نبیوں کو پکاریں یا اُن سے مدد مانگیں۔ بلکہ وہ ہمارے سامنے مسیح جو ہمارا ثالثی، کفارہ، اعلیٰ کاہن اور شفاعت کرنے والا ہے۔ ہمیں اُس سے دُعا مانگنی چاہیے۔ اُسکا وعدہ ہے کہ وہ ہماری دُعا کو سُنے گا، اور وہ ہماری عبادت کو منظور کرے گا اور اِن سب سے بڑھ کر خاص کر جب ہم اپنی کسی تکلیف کے وقت اُسکو پُکارتے ہیں۔

1یوحنا 2:1 ''اگر کوئی گناہ کرے تو باپ کے پاس ہمارا ایک مددگار موجود ہے۔''

یہ سب ہمارے نظریات کے بارے میں ہے، جس میں کوئی بھی دیکھ سکتا ہے کہ، اِس میں کچھ بھی پاک کلام سے مُختلف نہیں یا کُل کلسیا یا رومن چرچ کے مطابق نہیں ہے۔ اس معاملے میں جو ہمارے اساتذہ کو بدعتی کہنے پر اصرار کرتے ہیں وہ اُنکا غلط فیصلہ ہے۔ تاہم یہاں پر ہمیشہ بعض زیادتیوں پر اختلاف باقی ہے جو چرچ میں بغیر کسی

مناسب اختیار کے داخل ہوگئے ہیں۔ یہاں تک کہ اِن حالات میں، اگر کوئی اختلافِ رائے ہے بھی تو بشپوں کو مناسب انداز سے نرمی اور برداشت کرنی چاہیے۔ کم از کم اقرار نامے کی خاطر جس کا ہم جائزہ لے رہے ہیں۔ آخر میں مسیحی قانون ایسے بھی سخت نہیں کہ ہر جگہ ایک ہی دَستُور کا مطالبہ کرے، ویسے بھی ہر چرچ کے اپنے طور طریقے ہوتے ہیں۔ ہمارا، بڑی احتیاط سے یہ مشاہدہ رہا ہے کہ بہت ساری قدیم رسومات کو ختم کر دیا گیا ہے۔ ہمارے چرچوں نے تمام رسومات کو ترک کر دیا ہے یہ ایک الزام ہے۔ اور یہ کہ تمام پُرانی رسمیں جو بہت پہلے سے تھیں جھوٹی اور بدنیتی پر مبنی ہیں۔ بلکہ ہمیں یہ شکایت ہے کہ کچھ زیادتیاں عام رسموں سے منسلک ہیں۔ ان زیادتیوں کو ایک حد تک اصلاح کی ضرورت ہے، اور یہ دیکھتے ہوئے ہم اچھی نیت سے اِن کی منظوری نہیں دے سکتے۔

وہ مضامین جن کا جائزہ لینے کے بعد زیادتیوں کو درُست کیا گیا:

ہمارے چرچ، کیتھولک چرچ کے اِیمان کے موضوع اختلاف نہیں کرتے بلکہ ہم کچھ زیادتیوں کو جو نئی ہیں خارج کرتے ہیں، جو غلطی سے زمانے کی بد عنوانی کیوجہ سے قبول ہو گئیں، یہ مسیحی شرع کے بہت خلاف ہے۔ اس معاملے میں اس لیے ہم یہ دُعا کرتے ہیں کہ آپکی شاہی عظمت مہربانی فرما کر دونوں کوسنُیں کہ ہم نے کیا تبدیل کیا ہے، اور کیا وجہ ہے کہ ہم نے لوگوں کو ضمیر کے خلاف زیادتیوں کا ادراک کرنے پر مجبور نہیں کیا ہے۔

آپکی شاہی عظمت کو اُنکا یقین نہیں کرنا چاہیے جو ہمارے خلاف عجیب بہتان پھیلا رہے ہیں تاکہ لوگوں کو ہم سے نفرت کرنے کی ہوا دیں۔ اِس طرح وہ اچھے لوگوں کے ذہن کو پریشان کرتے ہیں اور اس بڑے تناؤ کیوجہ سے اختلافات کو بڑھا رہے ہیں۔ آپکی شاہی عظمت بلا شُبہ یہ دریافت کرے گی کہ ہمارے نظریے کی پوری شکل اور عمل اتنے ناقابلِ برداشت نہیں ہیں جیسے یہ بے دین اور بدنیت لوگ دعویدار ہیں۔ اِسکے علاوہ آپ عام افواہوں اور دُشمن کی بدزبانی سے حقیقت معلوم نہیں کر سکتے۔ مگر کوئی بھی آسانی سے یہ انصاف کر سکتا ہے کہ اگر رسمیں صحیح طریقے سے ادا کی جائیں تویہ وقار کو برقرار

رکھتے ہوئے تعظیم اور تقویٰ کے ساتھ خُدا پرست لوگ عبادت کر سکتے ہیں۔

۱

مضمون XXII
دونوں قسم کے ساکرامنٹ پر ایمان

عشائے ربانی کے دو عناصر دُنیا دار لوگوں کو دیے گئے۔ تاکہ خداوند کے اِس حُکم کی ادائیگی ہو۔ متی 26:27 ''سب اس میں سے پیو۔ '' یہاں مسیح پیالے کے بارے میں صاف حُکم فرماتے ہیں کہ سب کو پینا ہے۔ اس سِلسلے میں کسی نے چالاکی سے کہا کہ یہ حوالہ صرف خادمان کیلئے ہے۔ پولُوس 1 کرنتھیوں 11:27 میں ایک مثال دیتا ہے، جس سے یہ ظاہر ہوتا ہے کہ تمام ایماندار اور دُنیا دار کلسیا اِس میں شامل ہوں۔ اور یہ ریت بہت مدت تک چرچوں میں چلتی رہی۔ کسی کو معلوم نہیں کہ یہ کب اور کس کے اقتدار میں تبدیل ہوا۔ اگر چہ کارڈینل نِکولِس نے اس کا تذکرہ کیا ہے کہ یہ کب منظور ہوا۔ Cyprian کچھ جگہوں پر گواہی دیتا ہے کہ خُون لوگوں کو دیا جائے۔ Jerome بھی اِسکی گواہی میں کہتا ہے،''پادری لوگوں میں عشائے ربانی تقسیم کرنے کیلئے انتظام کرے۔ ''پوپ Gelasius بھی حُکم صادر فرماتے ہیں کہ یقیناً ساکر امنٹ کو علیحدہ نہ کیا جائے۔

(dist.ii. De Consecratione, cap. Comperimus)

صرف حالیہ دوران میں ایسا نہیں ہوا، ظاہر ہے۔ بہر حال، ہمیں ایسے کسی رواج سے خُدا کے احکام کے خلاف، کا

تعارف نہیں کرنا چاہیے۔ جیسا کہ مسیحی شرح کی گواہی،) اور اسکے بعد کے مضمون جیسے Dist. III. cap veritate) مگر یہ رواج ہم تک صرف کلام کے خلاف ہی نہیں بلکہ قدیم مسیحی شرع اور چرچ کے اندر پہنچا (نمونے کی طرح) ہے۔ اس لیے، اگر کوئی دونوں قسم کے ساکرامنٹ کو ترجیح دیتا ہے، اُنہیں کچھ اور کرنے پر مجبور نہ کیا جائے کہ وہ اپنے ضمیر کے مجرم ٹھریں۔ کیونکہ مسیح کا حُکم ہے کہ ساکرامنٹ کو جُدا نہ کیا جائے، کیونکہ ہم پہلے کی طرح مجلس چھوڑنے کے عادی ہو چکے ہیں۔

مضمون XXIII
خادمان کی شادی پر ایمان

اس بات کی بارہا شکایت کی گئی ہے کہ ہمارے پادری پاکیزہ نہیں ہیں۔ اِسی وجہ سے Pope Pius نے پادریوں کی شادی ختم کرنے کی منظوری دی،اسکے علاوہ اور بھی بھاری بھرکم وجوہات تھیں۔) اسلئے Bartolomeo Platina لکھتے ہیں(اُسوقت سے پادری ایسی کُھلی بدنامی سے اجتناب کرنا چاہتے ہیں۔ اِس لیے وہ شادی کرتے ہیں اور سِکھاتے ہیں کہ قانونی طور سے ازدواجی معاہدہ جائز ہے۔ اولاً، کیونکہ پولُوس کہتا ہے، 1 کرنتھیوں 7:2,9 ''لیکن حرام کاری کے اندیشے سے ہر مرد اپنی بیوی رکھے۔ ''اِسکے علاوہ'' کیونکہ بیاہ کرنا مست ہونے سے بہتر ہے۔ '' دوم، مسیح متی 19:11 میں کہتا ہے ''سب اس بات کو قبول نہیں کر سکتے۔ ''جہاں وہ سکھاتا ہے کہ تمام لوگ تنہا رہنے کیلئے مناسب نہیں ہیں۔ تاہم، پیدائیش 1:28 کے مطابق خدا نے انسان کو بڑھنے پھلنے کیلئے تخلیق کیا۔ نا ہی انسان کے پاس ایسی کوئی طاقت ہے کہ وہ خدا کے کام اور اُس تحفے سے اس کی مخلُوق میں کوئی تبدیلی کر سکے۔ کیونکہ یہ عیاں ہے اور بہتوں نے اس بات کو تسلیم کیا ہے کہ کوئی بھی اچھا، نیک، پاک مسیحی نہیں ہوسکا بلکہ اِسکے نتیجہ زیادہ تر ہولناک، بد امن اور ضمیر کا عذاب بن کر زندگی کے سامنے آتا ہے۔ لہذا جو تنہا زندگی

گزارنے کے قابل نہیں ہیں، وہ شادی کے بندھن میں بندھ جائیں۔ کیونکہ کوئی انسان، قول و قرار یا ضابطہ ُخدا کے حکم کو منسُوخ نہیں کر سکتا۔ اِسی وجہ سے پادری شادی کو حلال اور جائز ہونے کی تعلیم دیتے ہیں۔ یہ واضح رہے کہ، قدیم وقتوں میں بھی پادری شادی شُدہ ہوتے تھے۔ اِسی لیے پولُوس 1تمیتھیس 3:2 میں کہتا ہے کہ وہ قائد چُنو جو ایک بیوی کا شوہر ہو۔ چار سو سال پہلے، پہلی بار پُرتشدد طور پر، پادریوں کو تنہا زندگی گزارنے پر مجبور کیا گیا۔ بے شک، جب اُنہوں نے جواباً شدید مذمت کی تو، Mainz کے آرچ بشپ کو پادریوں نے غصے میں ہنگامہ آرائی کر کے تقریباً مار ہی ڈالا۔ وہ اس سلسلے میں پوپ کا فرمان شائع کرنیوالا تھا۔ اور اِس معاملے میں اتنی سختی سے پیش آیا کہ ناصرف مُستقبل میں پادریوں کی شادی کو خلافِ شرع قرار دیا گیا بلکہ بہت سی قائم شُدہ شادیاں توڑ دی گئیں۔ اور یہ سب ناصرف خدائی اور دُنیاوی قانون کے خلاف تھا بلکہ مسیحی قانون کے بھی خلاف تھا۔ یہ سب ناصرف پوپوں نے طے کیے بلکہ نامی گرامی مجلس مشائغ (Synod) اِس میں شامل تھے۔ اِس کے علاوہ، بہت سے عقلمند اور خوف خُدا رکھنے والے افراد جو اعلیٰ عُہدوں پر نافذ تھے، اکثر شکوک و شُبہات کا اظہار کیا کہ اِس زبردستی کی کنوار پن اور شادی سےمحرومیت کے کبھی بھی اچھے نتائج پیدا نہیں ہوئے۔ (خُدا نے اُسے خُود قائم کیا ہے اور انسان کی مرضی پر چھوڑا ہے۔) بلکہ اس

کنوارپن کے باعث بہت سی بڑی بُرائیاں اور گناہ ابھر کر سامنے آئے ہیں۔

دیکھنے میں آیا ہے، کہ انسانی فطرت آہستہ آہستہ کمزور پڑ جاتی ہے۔ جیسے دُنیا زمانہ دراز ہو رہی ہے بہتر ہے اس قسم کی اور خامیاں جرمنی میں داخل نہ ہوں۔

علاوہ ازیں، شادی کو خُدا نے، انسانی کمزوری کے خلاف مدد کیلئے مقرر کیا ہے۔ مسیحی شرع بھی کہتی ہے کہ پرانی سختی کو آخری وقت میں انسانی کمزوری کی بناء پر نرم کیا گیا۔ ہماری خواہش ہے کہ اس معاملے میں بھی ایسا کیا جائے اور ہمارا یہ بھی خیال ہے کہ چرچوں میں اس وجہ سے پادریوں کی کمی ہو سکتی ہے۔ چرچوں میں نجِس کنوارپن سے بہت سے شرمناک واقعات، بدکاری اور جرائم پیش آئے، جسکی وجہ سے وہ مُنصف حاکم سے سزاوار ٹھہرتے ہیں۔ اب یہ خُدا کا حُکم عاجزی کیوجہ سے چرچ میں، پھر بھی یہ پادریوں کی شادی کے خلاف ظُلم حیرت ناک ہے۔ خُدا نے ہمیں شادی کی عزت کرنی سکھائی ہے۔ بلکہ شادی تو عوام الناس اور بُت پرست اقوام میں بھی قانونی طور پراحترام سے دیکھی جاتی ہے۔ مگر اب تک یہ لوگ، پادریوں کو شادی کیوجہ سے، ظالمانا موت کے حوالے کر دیتے ہیں، جو مسیحی شرع کے مرضی کے خلاف ہے۔ پولُوس 1تمیتھیس 4:3 میں شیاطین کی تعلیم سے اُسے مُنسلک کرتا ہے جو شادی سے منع کرتے ہیں۔ اب یہ

سمجھ میں آنا چاہیے کہ سب سزائیں شادی کے خلاف قانون کیوجہ سے ہیں۔ بحرکیف، کوئی انسان قانُون، خُدا کے احکامات کو مُنسوخ نہیں کر سکتا، اِسی طرح نہ کوئی قول و قرار۔ Cyprian کے مطابق، جو خواتین اپنی عزت برقرار نہیں رکھ سکتیں، شادی کا وعدہ کر لیں۔ اُسکے الفاظ (4.2 Letter)

میں یوں مرقوم ہیں:''اگر تم ثابت قدم رہنے سے معذُور یا نہیں رہنا چاہتے، تو اُنکے لیے یہ بھلا ہے کہ وہ شادی کرلیں نہ کہ ہوس کی آگ میں جھلسیں؛ اور وہ ضرور ہے کہ اپنے بہن بھائیوں کے خلاف جُرم نہ کریں۔ ''

شریعت بھی اب کُچھ اُنکے بارے میں تحمل اور نرمی برتتی ہے، جنہوں نے مناسب عمر سے قبل ایسا کوئی قول و قرار کر لیا ہے۔

مضمون XXIV

عبادت پر ایمان :

ہمارے چرچوں پر جھوٹا الزام ہے کہ ہم نے عبادت کو
موقوف کر دیا ہے۔ حقیقت تو یہ ہے کہ ہم اُسے نہایت عقیدت
کے ساتھ مناتے ہیں اور یہ بالکل قائم ہے۔ ہم تو ابھی بھی
اپنی رسُومات معمول کے مطابق ہی کرتے ہیں، سوائے
کچھ جرمن کے گیت، جو لاطینی زبان سے لیے گئے ہیں،
اپنے گیتوں میں شامل کر لیے ہیں تاکہ لوگوں کو سکھا
سکیں۔ لاعلم کو سکھانے کیلئے یہ ضروری سمجھا گیا۔ نہ
صرف پولُوس کے حُکم کی وجہ سے بلکہ دُنیاوی قانون
کی وجہ سے، چرچ میں وہی زبان استعمال کرتے ہیں جو
سب سمجھ سکیں۔ لوگ ساکرامنٹ میں حصّہ لینے کے
عادی ہو چُکے ہیں اور جب وہ اِسکے لیے تیار ہوتے ہیں
تو عوامی عبادت کے لگن اور تعظیم میں اضافہ ہوتا ہے۔
اس میں شرکت کی اجازت، جانچ پڑتال کے بغیر نہیں دی
جاتی۔ لوگوں کو ساکرامنٹ کے وقار اور استعمال کے
بارے میں مشورہ دیا جاتا ہے کہ یہ کس طرح ہمارے
ضمیروں کو عظیم تسلی بخشتی ہے، تاکہ ہم خُداپر یقین
کرنے کے بارے میں سیکھیں اور بھلائی کے لیے، اُس
سے مانگیں اور کثرت سے پائیں۔ اِسکے ساتھ ہم اُنہیں
ساکرامنٹ کے بارے میں جھوٹی تعلیم کے بارے میں بھی
آگاہ کرتے ہیں۔ یہ عبادت خُدا کو پسند ہے۔ ایسی ساکرامنٹ

خدا کی سچی عقیدت کو فروغ دیتی ہے۔ اسلیے، ایسا نہیں ہے کہ ہمارے مخالفین ہم سے زیادہ عقیدت سے پرستش کرتے ہیں۔

تاہم واضح طور پر بہت عرصے تک، ایماندار لوگ پُر جوش اور عوامی سطح پر یہ شکایت کرتے رہے ہیں کہ عبادات، کمینے پن اور بدسلوکی سے پیسہ حاصل کرنے کیلئے استعمال ہو رہی ہے۔ یہ مشہُور ہے کہ کیسے اِس قسم کے لوگ چرچوں میں سراعیت کر چکُے ہیں اور خاص وظیفہ لیکر مسیحی شریعت کے خلاف جاکر عبادت کرتے ہیں۔ مگر پولُوس شدت سے دھمکاتا ہے کہ جو عشائے ربّانی کو غیر مناسب طریقے سے پیش کرتے ہیں۔ دیکھیں 1 کرنتھیوں 11:27 ''اس واسطے جو کوئی نا مناسب طور پر خداوند کی روٹی کھائے یا اُس کے پیالے میں سے پئے وہ خداوندکے بدن اور خُون کے بارے میں قصور وار ہو گا۔ '' اس لیے جب ہم پادریوں کو اِس گناہ کے بارے میں سمجھاتے ہیں کہ ایسے نجی عبادات کو ختم کر دیں تو پتہ چلتا ہے کہ زیادہ تر عبادات تو پیسوں کے بغیر ہوتی ہی نہیں تھیں۔

بشپوں کو اِس بُری رِیت کے بارے میں عِلم تھا اور وہ اگر وقت پر اِس کی اصلاح کر دیتے تو اختلافات کم ہو سکتے تھے۔ خُفیہ طور اُنہیں ان سب کے بارے میں معلوم تھا اور پھر بھی اُنہوں نے اس بد عنوانی کو چرچ داخل ہونے سے

نہ روکا۔ اب جبکہ بہت دیر ہو چُکی ہے، وہ اِس مصیبت کی چرچ میں شکایت کرنے لگے ہیں۔ اِس خلّل کا اثر اب اتنا زیادہ ہو گیا ہے کہ اِسکی برداشت ممکن نہیں رہی۔ اس کی وجہ سے ساکرامنٹ کے بارے میں عبادات کے دوران عظیم اختلافات اُبھر رہے ہیں۔ ممکن ہے، دُنیا کو اِسی طویل بے حُرمتی کیوجہ سے اب سزا مل رہی ہے۔ صدیوں سے جن لوگوں کا فرض تھا کہ اِسکی اصلاح کریں، اُنہوں نے اپنا کردار صحیح طرح سے ادا نہیں کیا ہے۔ کیونکہ دس احکام خرُوج 7: 20 ''کیونکہ جو اُس کا نام بے فائدہ لیتا ہے خُداوند اُسے بے گناہ نہ ٹھہرائے گا۔ '' لیکن لگتا ہے جب سےدُنیا شروع ہوئی ہے، خُدا کی تمام پاک چیزوں میں عبادت کے علاوہ کہیں بھی نجس پیسہ ایسے استعمال نہیں ہوا۔

علاوہ ازیں، ایک رائے بہت مشہور ہے، کہ نجی عوام لامحدود طور پر یہ سمجھتی ہے کہ ناگوار اور فانی گناہ ایسی عبادات کے ذریعے معاف کروائے جاسکتے ہیں، اور کیونکہ مسیح نے پہلے گناہ کا کفارہ ادا کر دیا ہے۔ اِسکے علاوہ ایک اور رائے بھی اُبھری ہے کہ عبادات کے ذریعے زندوں اور مُردوں کے گناہ بھی معاف کروا سکتے ہیں۔ ویسے وہ مشکوک ہیں کہ اُن افراد کیلئے خاص عبادت کروائیں یا بہت سی عبادات کروانی چاہئیں۔ اِسی دوران وہ خُدا سے اُن سب کی خواہش کرتے ہیں جو اُنہیں چاہیے، اور اِس طرح وہ مسیح پر ایمان اور سچی عبادت کو

فراموش کر چکُے ہیں۔ ہمارے اساتذہ نے ان آراء کے بارے میں تنبیہ کی ہے کہ وہ اس طرح پاک کلام سے دُور ہو رہے ہیں اور مسیحی جذبے کی شان کو کم کرتے ہیں۔ کیونکہ مسیحی جذبہ صرف پہلے گناہ کیلئے ہی نہیں بلکہ تمام گناہوں کیلئے قربانی کے ذریعے کفارہ ادا کرتا ہے۔ یہ عبرانیوں 10:14 میں بھی ہے: ''کیونکہ اُس نے ایک ہی قربانی چڑھانے سے اُنکو ہمیشہ کیلئے کامل کر دیا ہے جو پاک کیے جاتے ہیں۔ ''اس بدعت کے بارے میں سُنا نہیں ہو گا کہ، چرچ کی تعلیم ہے کہ مسیح کی موت پہلے گناہ کے کفارہ کیلئے ہے اور باقی گناہوں کیلئے نہیں۔ چناچہ یہاں یہ ایک اچھا جواز ہے کہ یہ اپنی غلطی کو سمجھیں اور اصلاح کرنے کی ہم اُمید رکھیں۔

کلام یہ بھی سکھاتا ہے کہ ہم خُدا کے سامنے،مسیح پر ایمان لانے کے سبب سے راستباز ٹھہرتے ہیں، خاص کر جب ہم یہ تسلیم کرتے ہیں کہ ہمارے گناہ مسیح کی خاطر معاف ہوتے ہیں۔ اب اگر عبادت سے زندوں اور مُردوں کے ظاہری اعمال کیوجہ سے گناہ ختم ہوتے تواس کا تو یہ مطلب ہوا کہ عبادت نے یہ کام کیا نہ کہ ایمان سے۔ اور پاک کلام اس کی ہرگز اجازت نہیں دیتا۔

مگر مسیح لوقا 22:19 میں حُکم جاری کرتا ہے کہ: ''میری یادگاری کے لیے یہی کیا کرو۔ '' عبادت اِسی لیے مقرر ہوئی تاکہ جب وہ ساکرامنٹ ادا کرتے ہیں تو وہ ایمان کے

ذریعے وہ سب فوائد حاصل کرتے ہیں جو مسیح اُنہیں بخشتا ہے۔ اور اِس طرح اُن کے بے چین ضمیروں کو خوشی اور تسلی مل سکتی ہے۔ اِس واسطے مسیح کو یاد رکھنے سے اُس فائدہ کو یاد رکھنا ہوگا اور اس سے یہ احساس ہو گا کہ وہ اصل میں ہمیں کیا پیش کرتا ہے۔ اور یہ کافی نہیں ہے کہ ہم صرف تاریخ کو یاد کریں ؛ کیونکہ یہودی اور بے دین بھی اُسکو یاد کرتے ہیں۔ اسلیے ایسی عبادات ختم کی جائیں اور عشائے ربّانی کو اُنکے لیے خاص انتظام کیا جائے جو تسلی کے طلب گار ہیں۔ Ambrose کہتا ہے، "کیونکہ میں ہمیشہ گناہ کرتا ہو، میں ہمیشہ دعا کا پابند رہوں گا۔ " اسلئے ایمان ساکرامنٹ کیلئے بے حد ضروری ہے ورنہ سب بے سُود ہے۔

اب چونکہ عبادت میں ساکرامنٹ دینا ہوتا ہے، اس لیے ہم ہر مُقدس دن کو عشائے ربانی رکھتے ہیں، اور،اگر لوگ خواہش کریں تو دوسرے دِنوں میں بھی رکھ سکتے ہیں۔ چرچوں میں یہ عمل نیا نہیں ہے۔ کیونکہ Gregory سے پہلے کسی نجی عبادت کا ذکر نہیں ہے اور پادری عام کلسیائی عبادات میں عشائے ربانی کا بتاتے ہیں۔ Chrysostom کہتا ہے کہ پادری روزانہ پُلپٹ پر کھڑے ہو کر کچھ افراد کو عشائے ربانی کیلئے دعوت دیتا ہے اور دوسروں کو پیچھے رکھتا ہے۔ یہ قدیم پاک شریعت سے پتہ چلتا ہے کہ ایک شخص نے عبادت کی رسم ادا کی اور اُس سے دوسرے Presbyters اور deacons نے مسیح

کا بدن وصول کیا، Nicene Canon میں یوں مرقُوم ہے:"منتظمین، ترتیب سے عشائے ربّانی حاصل کریں بشپ سے یا پادری کے بعد۔ " اور پولُوس، 1کر نتھیوں 11:33 میں شراکت کے بارے میں کہتا ہے کہ ہمیں ایک دوسرے کا انتظار کرنا چاہیے، تاکہ عشائے ربّانی ایک مشترکہ شراکت ہو۔

اس لیے، یہ دیکھتے ہوئے، جب ہم پُر اعتماد طریقے سے چرچ کے اس نمونے کی مشق کرتے ہیں، جو ہم نے پاک کلام اورخادموں سے سیکھی ہیں، ہمیں یقین ہے کہ کوئی بھی اِس کو مُسترد نہیں کر سکے گا، خاص کر جب ہم یہ عوامی رسموں کو برقرار رکھیں گے، جیسے وہ پہلے ہوا کرتی تھیں۔ عبادتوں کی تعداد میں فرق کی وجہ بلا شک کُھلی زیادتیاں ہیں۔ پرانے زمانے میں، چرچوں میں عبادت اکثر، روزانہ نہیں کی جاتی تھیں، جیسا ہم(Book 9 38Chap)

Tripartite History میں پڑھتے ہیں:Alexandria میں ہر بُدھ اور جمعہ کو پاک کلام پڑھا جاتا اور عالم اُنکو بیان کرتے اور سب کام کیے جاتے سوائے پاک عشاء کی متبرک رسم کے۔

مضمون XXV
اقرار پر ایمان

ہمارے درمیان چرچوں میں کبھی بھی اقرار کا خاتمہ نہیں ہوا۔ در حقیقت، یہ ہماری معمول کی مشق رہی ہے کہ جانچ پڑتال کرنے کےبعد برطرف کیے گئے افراد کو مسیح کے بدن میں شامل کر دیں۔ ایمان کے بارے میں ہم بڑی احتیاط سے معافی کی تعلیم دیتے ہیں، جسکے بارے میں پہلے بڑی خاموشی تھی۔ ہم لوگوں کو یہ تعلیم دیتے ہیں کہ نجات کی بہت زیادہ قدر کی جائے کیونکہ یہ خُدا کی آواز اور خُدا کے حُکم کا بیان ہے۔ اِس کُنجی کی طاقت ہی اُسکی خوبصورتی ہے اور لوگوں کو یاد دِلاتے ہیں کہ یہ ہمارے پریشان ضمیروں کے لیے کتنی بڑی تسلی بخشتی ہے۔ ہم اُنکو یہ بھی یاددِلاتے ہیں کہ خُدا ہمارا ایمان چاہتا ہے اور یقین کریں کہ اِسی نجات صرف مسیح پر سچا ایمان لانے سے ہی ملتی ہے اور اُسکی آواز آسمان سے آتی ہے۔ پہلے لوگ اطمینان کو بہت اہمیت دیتے تھے اور ایمان کا تذکرہ نہیں کرتے تھے، نہ ہی مسیح کی خُوبیوں اور ایمان کی راستبازی کی بات کیا کرتے تھے۔ اس وجہ سے، اس نقطہ پر، ہمارا چرچ کسی بھی طرح سے مودر الزام نہیں ٹھہرایا جا سکتا ہے۔ فی الحقیقت، ہمارے مخالفین بھی اس بات کو تسلیم کرتے ہیں کہ ہمارے اساتذہ نے بڑی تُندہی سے توبہ کے بارے میں تعلیم دی ہے۔

مگر، اعتراف کے بارے میں ہماری تعلیم یہ نہیں ہے کہ گناہوں کی گنتی ضرور کی جائے اور یہ کہ ضمیروں کو اس بوجھ سے پریشان نہ کیا جائے کیونکہ گناہوں کا شُمار ناممکن ہے۔ زبُور 12: 19 شہادت دیتا ہے ''کون اپنی بھول چُوک کو جان سکتا ہے؟''اور یر میاہ 17:9 ''دل سب چیزوں سے زیادہ حِیلہ باز اور لاعلاج ہے۔ اُس کو کون دریافت کر سکتا ہے؟''مگر ہمارے ضمیروں کو کبھی سکون نہیں ملے گا اگر ہمارے گناہ معاف نہ کیے جائیں سوائے اُنکے جنکی ہم تشریح نہ کر سکیں۔ ہمارے گناہ چونکہ بے شمار ہیں بہت سے ایسے جنکا ہمیں علم نہیں ہوتا یا ہم یاد نہیں کر سکتے۔ اِسی لیے مُصنفین اس بات کی گواہی دیتے ہیں کہ گناہ کو شُمار کرنا ضروری نہیں ہے۔ ایک فرمان میں Chrysostom نے یوں تحریر کیا ہے کہ''میں نہیں کہتا کہ تم اپنے آپ کو سب کے سامنے بے پردہ کرو اور قُصور وار ٹھہراؤ بلکہ اپنے نبی کی فرمابرداری کریں جو کہتا ہے 37:5 زبُور ''اپنی راہ خُداوند پر چھوڑ دے۔ '' اسلئے اپنے گناہوں کو خُدا کے سامنے دعا کے ساتھ قبول کرو، کیونکہ وہ سچا منصف ہے۔ اپنے قُصوروں کو زبان سے نہیں بلکہ اپنے ضمیر کی یاداشت   اورسے بیان کرو۔ اور Gloss

(of Repentance, distinction 5, chapter: Consideret)

میں اعتراف کرتا ہے کہ اقرار صرف وہ انسانی حق ہے،
جس کو پاک کلام کے حُکم سے نہیں بلکہ چرچ نے قائم
کیا ہے۔ تاہم، معافی کے اتنے بڑے فائدہ کی خاطر، اور یہ
کہ، یہ ضمیر کے لیے مُفید ہے، اقرار کو ہمارے درمیان
برقرار رکھا گیا ہے۔

مضمون XXVI
گوشت میں امتیاز کرنے پر ایمان

چرچوں کے اساتذہ اور عام لوگ یہ سمجھتے ہیں کہ گوشت کے امتیاز اور باقی پر ہیز فضل کو کمانے اور گناہوں کی معافی کیلئے کیے جاتے ہیں۔ اور یہ واضح ہے کہ دُنیاوی سوچ کہ نئی رسمیں،نئی تقریبات، نئی ترتیب، نئے مُقدس دِن، روزے رکھنے کے نئے بہانے، روزانہ قائم ہوتے آئے ہیں اور چرچوں کے اساتذہ نے بالکل وہی کام کیے اور اِس طرح لوگوں کے ضمیروں کو بہت حد تک خوفزدہ کر کے فضل کمانے کیلئے استعمال کیا۔ اگر وہ یہ سب نہ کرتے تو وہ اِن روایات کے لیے لوگوں کو قائل نہ کر پاتے اور اِس طرح چرچ کو بہت نُقصان پہنچایا ہے۔

سب سے پہلے، فضل کے غیر نظریہ کا غیر واضح ہونا اور ایمان سے راستباز ہونا جو ہماری انجیل کا اہم حصہ ہے۔ فضل کے نظریہ کو چرچ کا سب سے زیادہ نمایاں ہونا چاہیے، تاکہ مسیح کی خُوبیاں اچھے طریقے سے بیان ہو اور ایمان کو بُلندی ملے، جسکا مقصد ہے گناہوں کی معافی مسیح کی خاطر ملتی ہے نہ کہ اعمال سے۔ اِسی وجہ سے پولُوس اس مضمون پر سب سے زیادہ زور دیتا ہے، اُس نے شریعت اور انسانی رسموں کو ایک طرف کر دیا تاکہ یہ عیاں کرے کہ مسیحی راستبازی اعمال سے نہیں بلکہ ایمان سے ہے، اور اسی سے ہم کو گناہوں سے مُفت معافی

ملتی ہے۔ مگر پولُوس کے اس نظریے کو رسموں نے مکمل طور پر چھپا دیا ہے، اور یہ رائے قائم ہوگئی ہے ہم فضل کو گوشت میں امتیاز اور اس جیسے اور فرض ادا کر کے کما سکتے ہیں۔ توبہ کے بارے میں سکھاتے ہوئے کوئی بھی ایمان کاذکر نہیں کرتا۔ صرف اطمینان بخش کام اور پوری توبہ اِن پر مشتمل ہوتی ہوئی نظر آتی ہے۔

دوسرے یہ کہ یہ رسمیں خُدا کے حُکم کو غیر واضح کرتی ہیں، کیونکہ اب رسموں کو خُدا کے حُکموں پر ترجیح دی جا رہی ہے۔ لوگوں کا خیال ہے کہ مسیحیت، خاص مُقدس دِنوں کو منانے، رسومات ادا کرنے، روزے اور لباس پر مشتمل ہے۔ ان سب کی پابندی کر کےوہ اپنے آپ کو بلند نام اور روحانی یا کامل زندگی جیت سکتے ہیں۔ اِس دوران وہ خُدا کے حُکموں کی کوئی پرواہ نہیں کرتے بلکہ یہ کہتے ہیں کہ باپ کو ایسے خاندان پالنا چاہیے، ماں کو ایسے بچے سنبھالنے چاہیے اور حاکم کو اس طرح حکومت کرنی چاہیے۔ یہ تمام خیالات اور کام دُنیاوی اور ناقص ہیں اور ظاہری چمک سے بہت ادنیٰ ہیں۔ اور اِس غلطی کیوجہ سے متقی ضمیر کو بہت زیادہ اذیت دیتے ہیں۔ ہمیں دُکھ ہے کہ یہ کیسی ناقص زندگی بسر کر رہے ہیں مثلاً شادی کے بندھن میں، منصف کے عہدوں میں اور عوامی وزارت میں۔ اور دوسری طرف وہ پاسبانوں اور دوسرے لوگوں کو سراہتے ہیں۔ یہ ایک جھوٹا خیال ہے

جس سے وہ سب لوگوں کو دھوکا دیتے ہیں کہ یہ خُدا کو زیادہ پسند ہے۔

تیسرا، وہ رسمیں جو ضمیروں کیلئے بہت خطرہ ہیں، کیونکہ تمام رسموں کی پابندی کرنا نا ممکن ہے اور یہ لوگ اِس بنیاد پر لوگوں کی عبادت کوپرکھتے ہیں۔ Gerson لکھتے ہیں کہ کئی لوگ اتنے مایوس ہو گئے تھے کہ اُنہوں نے خُود کشی کر لی، یہ سوچ کر کہ وہ یہ رسمیں ادا نہ کر پائے اور یہ اسلئے ہوا کیونکہ اُنہوں نے ایمان اور فضل کی تسلی کے بارے میں سُنا نہ تھا۔ ہم دیکھتے ہیں کہ اجلاس کے سربراہ، ماہرین الہیات سب رسموں کو جمع کرکے، ان کی شدت کو کم اور نرم کرکے ضمیروں کو سکون دینا چاہتے ہیں، مگر ایسا کرکے وہ ضمیروں کو اور بھی بے لگام اور اُلجھا دیتے ہیں۔ اور وہ اِسکولوں اور خطبوں میں اتنے مصروف ہیں کہ ایمان کے منافع بخش نظریہ، صلیب، اُمید، معاشرتی معاملات کے لیے اُنکے پاس کوئی وقت نہیں ہے تاکہ وہ تھکے ہوئے ضمیروں کو کوئی تسلی دیں۔ اس لیے Gerson اور اس کی طرح اور عالمِ دین سخت شکایت کرتے ہیں کہ اس طرح سے رسموں نے اُنہیں ایک بہتر نظریہ پر توجہ دینے سے محروم کر رکھا ہے۔ Augustine بھی اِس طرح کی رسموں سے منع کرتا ہے کیونکہ یہ سب لوگوں کے ضمیروں پر بوجھ کا سبب ہے۔ اور وہ Janarius کو احتیاط

سے مشورہ دیتا ہے کہ اُسکو معلوم ہونا چاہیے کہ ان رسموں سے لا تعلقی ظاہر کریں۔ یہی اُسکے الفاظ ہیں۔

اس وجہ سے ہمارے اساتذہ نے اِس معاملے کو اُٹھایا ہے، نہ عجلت سے اور نہ بشپوں سے نفرت کی وجہ سے، جیسا کہ شُبہ کیا جاتا ہے۔ اس چیز کی بے حد ضرورت تھی، کہ چرچوں کو اِس غلطی سے آگاہ کریں، جو رسموں کی غلط فہمی کی وجہ سے پیدا ہوئے تھے۔ انجیل مجبور کرتی ہے اور زور دیتی ہے کہ چرچوں میں فضل کے نظریہ اور ایمان کی راستبازی پر زور دیں۔ لوگ سمجھ رہے ہیں کہ جیسے فضل حاصل کرنے کیلئے اُنکے پاس اپنی مرضی کرنے کا اختیار ہے۔

اس لیے، اِس طریقے سے ہم یہ سکھاتے ہیں کہ فضل کو کوئی بھی رسموں سے کمایا نہیں جا سکتا اور ہمیں نہ انسانوں کی بنائی ہوئی رسموں کو عبادت میں شامل کرنی چاہیے اور نہ ہی یہ ضروری ہیں۔ کلام میں ہمیں بہت سی ایسی شہادتیں ملتی ہیں۔ مسیح نے متی کی انجیل کے 9 اور 3:15 میں شادگروں سے جو رسم کے مطابق تعلق رکھتا ہے ذکر کیا (یہ پانی سے پاکیزگی سے منسلک تھا، گو کہ یہ معاملہ غیرقانونی نہ تھا) مسیح نے کہا، ''تم اپنی روایات سے خُدا کا حُکم کیوں ٹال دیتے ہو؟'' اس لیے اُسے اس بے معنی عبادت کی ضرورت نہیں ہے۔ اُسکے بعد اُس نے کہا، ''جو چیز مُنہ میں جاتی ہے وہ آدمی کو ناپاک نہیں

کرتی ہے۔ '' پولُوس بھی رومیوں 14:17 میں کہتا ہے ''کیونکہ خدا کی بادشاہی کھانے پینے پر نہیں۔ Colossians chap 2 Verse 16 and Verses 20 - '' 21 ''پس کھانے پینے یا عید یا نئے چاند یا سبت کی بابت کوئی تم پر الزام نہ لگائے۔'' ''جب تم مسیح کے ساتھ دُنیوی ابتدائی باتوں کی طرف سے مر گئے تو پھر اُن کی مانند جو دنیا میں زندگی گزارتے ہیں انسانی اِحکام اور تعلیم کے موافق ایسے قاعدوں کے کیوں پابند ہوتے ہو۔ کہ اِسے نہ چھونا، اُسے نہ چکھنا۔ اِسے ہاتھ نہ لگانا۔ '' اورپطرس اعمال 15:10-11 میں کہتا ہے، ''پس اب تم شاگردوں کی گردن پر ایسا جُوا رکھ کر جس کو نہ ہمارے باپ دادا اُٹھا سکتے تھے نہ ہم خُدا کو کیوں آزماتے ہو؟حالانکہ ہم کو یقین ہے کہ جس طرح وہ خُداوند یسوع کے فضل ہی سے نجات پائیں گے اُسی طرح ہم بھی پائیں گے۔ ''

یہاں پطرس ہمیں ہماری روایت کی وجہ سے ضمیر کے بوجھ تلے دبنے سے منع کرتا ہے، چاہے وہ موسیٰ کی شریعت سے ہو یا کسی دوسرے سے۔

اور 1 تمیتھیس 4:1،3 میں پطرس گوشت سے اجتناب کو شیطان کا نظریہ کہتا ہے۔ کیوں؟ اسلئے کہ یہ انجیل کے برخلاف یہ سکھاتاہے کہ ہم ایسے اعمال کریں جس سے فضل کما سکیں اور مسیحیت میں ایسی کوئی چیز نہیں سوائے خُدا کی خدمت کے۔

یہاں ہمارے مخالفین اعتراض کرتے ہیں کہ ہم تعبداری اور گوشت سے پرہیز کے خلاف ہیں۔ جیسے Jovinian، مگر ہم اِس کے برعکس اپنے اساتذہ کی تحریروں کے علاوہ یہ کہتے ہیں کہ اُنہوں نے ہمیشہ یہ سکھایا کہ مسیحی کو اپنی صلیب اُٹھانی ہے اور مُصیبتیں برداشت کرنی ہوتی ہیں۔ یہ حقیقت ہے اور سنجیدہ اور غیر واضح موت جوہمیں مسیح کے ساتھ مُصیبت اور مختلف مشق، مصلوب ہونے کیلئے کرنی پڑتی ہیں۔

اس کے علاوہ ہم یہ تعلیم دیتے ہیں کہ ہر مسیحی کو جسمانی پابندیوں کے زیرِ تربیت اور تابع ہونا چاہیے یا جسمانی مشقت اور محنت کے تاکہ وہ اپنی کسی کا ہلی یا آرام طلبی کیوجہ سے گناہ کے بہکاوے میں نہ آسکے اور نہ ہی وہ یہ سوچ سکے کہ وہ ان مشقتوں کی وجہ سے فضل کو کما سکتا یا گناہوں کی معافی حاصل کر سکتا ہے۔ اور ایسی بیرونی نظم و ضبط کو ہمیشہ جاری رکھیں نہ کہ چند روز کیلئے۔ مسیح کا حُکم ہے لوقا 21:34،''پس خبردار رہو۔ ایسا نہ ہو کہ تمہارے دل خمار اور نشہ باری اور اس زندگی کی فکروں سے سُست ہو جائیں اور وہ دن تم پر پھندے کی طرح ناگہاں آ پڑے۔ ''اورمتی 17:21: ''لیکن یہ قسم دُعا کے سِوا اور کسی طرح نہیں نکل سکتی۔ '' پولُوس بھی 1 کرنتھیوں 9:27 میں یہ کہتا ہے:''بلکہ میں اپنے بدن کو مارتا کُوٹتا اور اُسے قابُو میں رکھتا ہوں۔ '' یہاں وہ بہت صفائی سے یہ کہتا ہے کہ وہ اپنے بدن کو قابو میں رکھتا

ہے اور روحانیت کیلئے تیار اور اپنا فرض اچھے سے ادا کرنے کیلئے تیار رہتا ہے جو اُسکا کام ہے۔ اس لیے، ہم نفس روزہ کو نکارہ نہیں کہتے بلکہ جو روایت کے تجویز کردہ دنوں یا گوشت سے، ضمیر کے خطرہ کیلئے کرتے ہیں گویا یہ کام عبادت کرنے کیلئے ضروری ہیں۔

اس کے باوجود، بہت ساری روایات کو برقرار رکھا گیا، جو نیکی کا سبب بنتے ہیں، چرچوں کی ترتیب کیلئے جیسے سبق کی یا عبادت کی ترتیب اور مُقدس خاص ایام۔ مگرِ اسکے ساتھ ہم لوگوں کو خبردار کرنا چاہتے ہیں کہ یہ سب کام اُنہیں خدا کے سامنے راستباز نہیں ٹھہراتے اور یہ کہ جو اِن کاموں کو نہیں کرتا وہ کوئی گناہ نہیں کر رہا۔ ایسی آزادی جو انسانی روایات سے وابسطہ ہیں، پادری صاحبان اچھے سے واقف ہیں۔ کیونکہ مشرق میں ایسٹر مختلف وقت میں منایا جاتا تھا اور روم کے ساتھ نہیں۔ رومیوں نےمشرقی چرچوں کو فرقہ بندی کرنے کا الزام دھرا، اور اِس تنوع کیوجہ سے ہدایت کی کہ ضروری نہیں کہ ہر بات سب جگہ ایک جیسی ہو۔ اورIrenaeus کہتا ہے"روزوں کے اختلافات کیوجہ سے ایمان کی ہم آہنگی کو تباہ نہیں کرنا چاہیے۔ " پوپ Gregory بھی Dist.XII میں اشارۃً کہتا ہے کہ ایسا فرق چرچ کی یگانگت کو تباہ نہ کرے۔ اور Tripartite History, Book 9، میں ایک ایسی مختلف روایات کی مثالوں کا انبار ہے اور یوں لکھا ہے کہ "شاگردوں کے ذہنوں میں ایسا کچھ نہ تھا کہ وہ

مُقدس دِنوں کیلئے قوانین مقرر کریں بلکہ دینداری اور پاک زندگی کی تبلیغ کریں اور ایمان اور محبت کی تعلیم دیں۔

مضمون XXVII
خانقاہوں کے عہد پر ایمان

خانقاہوں کے عہد کی تعلیم آسانی سے سمجھی جا سکتی ہے، اگر ہم یہ یاد رکھیں کہ یہ خانقاہوں کی حالت کیسی ہے اور ان میں روزانہ کیا ہوتا ہے، جو شریعت کے اصول کے خلاف ہے۔ Augustine کے دور میں اِن میں شرکت بلاقیمت ہوا کرتی تھی۔ پھر جب نظم و ضبط خراب ہوا تو سب جگہوں پر ان نظم و ضبط کو بحال کرنے کے مقصدسے گویا بڑی اختیاط سے، جیسے حوالات کی منصوبہ بندی کی گئی۔ بتدریج، قسموں وعدوں کے علاوہ اور بہت سے رواج بھی شامل کیے گئے۔ اِس وجہ سے بہت سے لوگوں کو جائز عمر سے قبل بیڑیاں ڈال دی گئیں بجائے شریعت کے قانون کی۔

بہت سے لوگ اپنی لا علمی کیوجہ سے اس قسم کی زندگی میں پہنچ گئے، اُنہوں نے اپنی طاقت کا غلط اندازہ لگایا۔ اِس طرح یہ یہاں پھنس گئے اور وہاں رہنے پر مجبُور ہو گئے، حالانکہ شریعت کے ماتحت نرمی اور رحم سے اُنہیں آزاد کیا جا سکتا تھا۔ ایسے بہت سے ماجرے، خواتین کی کانونٹ کے ساتھ، راہبوں سے زیادہ ہوئے ہیں۔ حالانکہ وہ صِنفِ نازک ہونے کے سبب سے زیادہ رحم کی اہل تھیں۔ یہ دشواری، نیک لوگوں کو ناگوار گُزری اور جب اُنہیں پتہ چلا کہ نوجوان لڑکے اور لڑکیوں کو زندگی بھربسر

کرنے کیلئے ان کانونٹ میں دھکیل دیا جاتا ہے۔ اُنہوں نے دیکھا کہ اِس کا کتنا بد قسمت نتیجہ ہوتا ہے، شرمناک واقعات ہوتے ہیں اور ضمیر پھندہ بن جاتا ہے۔ وہ غمزدہ تھے کہ شریعت کے اختیارات کو اتنے خطرناک معاملہ میں مکمل طور پر نظر انداز اور مسترد کیا گیا۔ ان بُرائیوں کے علاوہ کچھ ایسی آراء، عہد کے بارے میں اُٹھ کھڑی ہوئیں،جو ایک وقت میں راہبوں کو پسند نہ آیا، کیونکہ وہ تھوڑے خُدا ترس تھے۔ وہ یہ تعلیم دیتے تھے کہ یہ عہد بپتسمہ کی طرح ہے،اور سِکھا رہے تھے کہ اِس قِسم کی زندگی گزارنے سے وہ گناہوں کی معافی حاصل کرسکتے ہیں اور خُدا کے سامنے وہ راستباز ٹھہر سکتے ہیں۔ اس سے بھی زیادہ یہ کہ، خانقاہ کی زندگی خُدا کے سامنے زیادہ راستباز ہوتی ہے، کیونکہ وہ وہاں پر نہ صِرف خُدا کے کلام کی پیروی کرتے ہیں بلکہ انجیلی بشارت کی بھی ترغیب دیتے ہیں۔

اِس طرح اُنہوں نے لوگوں کو خانقاہی کے پیشے کیطرف قائل کیا کہ یہ بپتسمہ سے کہیں زیادہ بہتر ہے، اور خانقاہی زندگی کے فوائد حاکمِ فوجداری، پادریوں اور اِن جیسے دوسری زندگیوں سے کہیں زیادہ بہتر ہے۔ یہ سب لوگ خُدا کے احکامات تو مانتے ہیں مگر اِن جیسی خدمت نہیں کرتے۔ وہ اِس بات سے انکار نہیں کر سکتے کیونکہ اُنکی کتابوں میں یہ سب لکھا ہوا ہے۔ اِسکے علاوہ، وہ شخص

جو اِس خانقاہوں میں داخل ہوتا ہے، پھنس جاتا ہے اور بہت کم مسیح کے بارے میں سیکھتا ہے۔

پھر، ان خانقاہوں میں بعد میں کیا ہوتا ہے؟ ایک وقت میں یہ مُقدس خطوط کے مدد سے ہوا کرتے تھے، اور دوسرے نظم و ضبط کے ذریعے چرچوں کیلئے فائدہ مند ہوا کرتے تھے۔ یہ پادری اور بشپ بناتے تھے۔ اب یہ الگ داستان ہے۔ یہ کسی کو دوبارہ بتانے کی ضرورت نہیں ہے کیونکہ وہ سب پہلے ہی سے جانتے ہیں۔ پہلے یہ سیکھنے کیلئے جمع ہوا کرتے تھے، اب وہ دکھاوا کرتے ہیں کہ اِس قِسم کی زندگی فضل اور راستبازی حاصل کرنے کیلئے ہے۔ اُس سے بھی زیادہ یہ کہ یہ کمال کی حالت میں ہیں اور یہ جگہ دوسری جگہوں سے الٰہی طور پر بہتر زندگی بخشتی ہے۔ ہم نے یہ سب کسی بھی مبالغہ آرائی اور نفرت کے بغیر تحریر کی ہیں۔ تاکہ ہمارےاساتذہ کواِس نقطہ پر اچھے سے سمجھایا جا سکے۔

پہلا، وہ تمام مرد جو مجرد رہنے کے قابل نہ ہو، اُنکو شادی کرنے کی اجازت دے دینی چاہیے، کیونکہ کوئی وعدہ، خدا کے احکامات اورشرع کو منسوخ نہیں کر سکتا۔ کیونکہ خُدا کا حُکم ہے 1 کرنتھیوں 7:2 کے مطابق: ''لیکن حرام کاری کے اندیشہ سے ہر مرد اپنی بیوی اور ہر عورت اپنا شوہر رکھے۔ '' یہ خُدا کاحکم ہی نہیں، بلکہ خُدا کی کائنات اور قانون ہے، اُنکو مجبور کرتا ہے کہ جو تنہا

خُدا کا کام نہیں کر سکتے وہ شادی کر لیں۔ پیدائش 2:18 کے مطابق: ''آدم کا اکیلا رہنا اچھا نہیں۔ ''اسلئے خُدا کے قانون اور حُکم کو ماننا گناہ نہیں ہے۔

اس سے کیسے کوئی اعتراض کر سکتا ہے؟ اُنکو جتنا وہ چاہیں وعدہ کی تعریف کر لیں، خُدا کے حُکم کووہ وعدہ کیوجہ سے منسوخ نہیں کر سکتے۔ شریعت ہمیں سکھاتی ہے کہ کوئی بھی وعدہ کسی کو اُس سے مستثنیٰ نہیں کر سکتا، اور نہ وعدہ کسی پوپ کے فیصلہ کے خلاف پابند ہے، ایسے کوئی بھی وعدے جو خُدا کے احکامات کے خلاف ہیں۔

اب، اگر وعدہ کو کسی بھی وجہ سےتبدیل نہیں کر سکتے، رومن پوپ بھی اُس سے فارغ نہیں کر سکتا، کیونکہ کسی بھی انسان کو یہ حق نہیں ہے کہ وہ فرائض جو مکمل الہٰی ہیں اُنکو منسوخ کر سکے۔ مگر رومن پوپوں نے چالاکی سے اِن فرائض کی ادائیگی سے نرمی برتی ہے، اور ہم پڑھتے ہیں کہ بہت بار اُنہوں نے مَنتوں سے معاف کیا ہے۔ Aragon کے بادشاہ کا پُرانا واقعہ جو خانقاہ کے بارے میں ہے بہت مشہور ہے اور اِسکے علاوہ ایسے کئی دوسرے جو کئی مثالیں جو آج کے دورسے ہیں۔ وقتی مفادات کے حصول کیلئے ایسی رعایت عطا ہو سکتی ہے بجائے روح کے تکالیف کے سبب سے جوکہ زیادہ موزُوں ہے۔

دوسری جگہ پر، ہمارے مخالفین فرائض یا وعدہ کے اثر کے بارے میں مبالغہ آرائی کرتے ہیں۔ ایک ہی وقت میں، اُنکے پاس وعدہ کی فطرت کے بارے میں کہنے کیلئے کچھ نہیں ہے۔ کہ ایسا کچھ ممکن ہے کہ وہ رضا کارانہ طور پر ہویا اپنی مرضی سے جان بُوجھ کر لازم ہے۔ مگر سب واقف ہیں کہ کسی حد تک انسان دائمی پاکیزہ ہے۔ اور کتنے کم ہیں جنہوں نے وعدہ کو خود اپنی مرضی سے کیا ہے۔ لڑکے اور لڑکیوں کو، اُنکو پرکھنے سے پہلے، قائل اور مجبُور کیا جاتا ہے کہ وہ وعدہ کریں۔ اسلئے یہ انصاف نہیں ہے کہ اُنکو فرائض ادا کرنے کیلئے سختی سے اصرار کیا جائے، کیونکہ سب مانتے ہیں کہ یہ وعدہ کی فطرت کے خلاف ہے کہ کوئی اُسے کامل طور پر اپنی مرضی سے وعدہ نہ کرے۔

بہت سے پرانے قانون، رضامندی کے بغیر کیے گئے وعدوں کو جو پندرہ سال سے پہلے کیے گئے ہوں منسُوخ کر دیتا ہے، کیونکہ یہ عمر اُنکو پرکھنے کیلئے کافی نہیں اور اِس فیصلہ کا اثر اُنکی آئندہ زندگی کو متاثر کرتا ہے۔ ایسا ہی ایک اور قانون، انسان کی کمزوری کیوجہ سے کچھ عرصے اور مہلت دیتا ہے۔ وہ اٹھارہ سال کی عمر سے پہلے وعدہ کرنیکا منع کرتا ہے۔ مگر کیا ہم اِن دونوں قانونوں کی پیروی کرتے ہیں؟ ایک بھاری اکثریت کے پاس خانقاہ چھوڑنے کا یہ بہانہ تھا کہ، اُنہوں نے اِس عمر تک پہنچنے سے پہلے یہ وعدہ کیا تھا۔

آخر میں، اِن واقعات میں، جہاں وعدہ خلافی ہوئی ہے اُسکے ملامت کرتے ہوئے اُنکی شادی کو منسوخ کرنے کی ایک دم ضرورت نہیں ہے۔ کیونکہ Augustine اِسکی تردِید کرتا ہے کہ شادی تحلیل ہو، اس ذمہ داری کا ایک بوجھ ہوتا ہے، جیسے دوسرے آدمی بعد میں اس سے مختلف سوچتے ہیں۔) Augustine, 27 question 1.)chapter, Neputiarum

مگر گو کہ خُدا کے احکام شادی کے سلسلے میں زیادہ تر لوگوں کو وعدوں سے بچنے کا وسیلہ بنتے ہیں، پھر بھی ہمارے اساتذہ ایک اور دلیل سے کہ وعدہ بالکل باطل ہے، پیش کرتے ہیں۔ کیونکہ ہر وہ خدمت، جوآدمیوں نے خُدا کے حکم کے علاوہ مقرر کی، تاکہ راستبازی کما سکیں، شرارت ہے۔ جیسا کہ مسیح متی 15:9 میں کہتا ہے، ''اور یہ بے فائدہ میری پرستش کرتے ہیں کیونکہ اِنسانی احکام کی تعلیم دیتے ہیں۔ '' اور پولُوس ہر جگہ تعلیم دیتا ہے کہ ایمانداری اپنی کسی رسم یا عبادت کے عمل، جو انسانوں نے بنائے، سے نہیں حاصل کی جاسکتی ہے، بلکہ یہ جو ایمان رکھتے ہیں کہ خُدا نے اُنہیں مسیح کی خاطر فضل سے اُنکو قبول کیا ہے۔

راہبوں نے واضح طور پر اِسکی تعلیم دی ہے کہ جتنی بھی انسانی خدمتیں، جو گناہوں کی معافی اور فضل اور راستبازی حاصل کرنے کیلئے کی جاتی ہیں، یقیناً مسیح

کے جلال سے جُدا کرتی ہیں اور ایمان کی راستبازی کو ماند اور اُسکی نفی کرتی ہیں۔ اِس لیے اِس سے یہ نتیجہ نکلتا ہے کہ وعدے جو عام تھے، ایک ناپاک قسم کی عبادت ہوتے ہیں اور اِس وجہ سے منسُوخ ہیں۔ شرارتی وعدہ خُدا کے حکم کے خلاف ہے، اور باطل ہے، کیونکہ کوئی بھی وعدہ، یہ شریعت کہتی ہے، ظلم کا بندھن نہیں ہونا چاہیے۔

پولُوس گلتیوں 5:4 میں کہتا ہے، ''تم جو شریعت کے وسیلے سے راستباز ٹھہرنا چاہتے ہو مسیح سے الگ ہو گئے اور فضل سے محروم۔'' اسلئے، وہ سب جو اپنے وعدوں سے راستباز ٹھہرنا چاہتے ہیں، مسیح کا اُس پر کچھ اثر نہیں، اور اُنہیں فضل نہیں ملتا۔ کیونکہ جو اپنے وعدوں کو اُس کی تائید میں منسُوب کرتے ہیں وہ اپنے کاموں کو اِس کی تائید میں منسُوب کرتے ہیں جو حقیقت میں مسیح کے جلال سے تعلق رکھتی ہے۔

بے شک، کوئی بھی اِس سے اِنکار نہیں کر سکتا جو راہبوں نے تعلیم دی ہے کہ، اپنے وعدوں اور خدمتوں سے وہ ایماندار ٹھہرے اور گناہوں کی معافی حاصل کرتے ہیں۔ اِس سے بھی بڑھ کر اُنہوں نے مضحکہ خیز دعوے ایجاد کیے ہیں، اور کہتے ہیں کہ وہ اپنے کام دوسروں کے ساتھ بانٹ سکتے ہیں۔ اگر ہم یہ ناگوار بحث کریں اور اِن چیزوں کو کھول کر بیان کریں، ہم ایسی بہت سی باتیں جمع کرسکتے ہیں، جن سے راہب شرمندہ ہونگے! علاوہ اِسکے

یہ کہ، انہوں نے لوگوں کو انسانوں کی وضع کردہ رسومات کی طرف راغب کیا کہ وہ مسیحی کمال کی حالت میں ہیں۔ کیا یہ راستبازی کو کاموں سے منسُوب نہیں کر رہا ہے؟ یہ چرچ کیلئے ایک چھوٹا الزام نہیں ہے، وہ لوگوں کو ایسی عبادت کرواتے ہیں جو انسانوں نے بنائی ہیں، اور خُدا کے حُکم کے بغیر ہیں، اور وہ یہ تعلیم دیتے ہیں کہ یہ عبادت آدمیوں کو راستباز بناتی ہیں۔ اس واسطے ایمان سے راستبازی کے علاوہ اور کچھ بھی نہیں، چرچ میں سِکھانا چاہیے۔ بلکہ یہ غیر واضح جب شاندار فرشتوں کی شکل والی عبادت، غربت، عاجزی اور مُجرد، لوگوں کی نظروں کے سامنے پیش کرتے ہیں۔

مزید اِسکے، خُدا کے احکام اور خُدا کی حقیقی عبادت ماند پڑ جاتی ہے جب ہم لوگوں سے سُنتے ہیں کہ صرف راہب کمال کی حالت میں ہیں۔ کیونکہ مسیحی کمال تو دل سے خُدا کا خوف ہے، اور پھر بھی ایک عظیم ایمان کا تصور کرنا، مسیح کی خاطر کا بھروسہ کرناکہ خُدا سےوہ ہماری مصالحت کرواتا ہے؛ پھر خُدا سے مانگنا اور یقینی طور پر یہ توقع کرنا کہ وہ اُن کی ہر بات میں مدد کریگا،ہماری حاجت کے مطابق، اس دوران ہم مستعدی سے ظاہری نیک کاموں میں مصروف ہو کر خدمت کریں کرتے رہیں۔ اس میں نہ تجرد شامل ہے نہ بھیک مانگنا اور نہ حقیر لباس۔ بلکہ لوگوں نے راہبوں کی زندگی کی جھوٹی نمائش کی وجہ سے، بہت ناقص آراء قائم کی ہیں۔ وہ سنتے ہیں کہ

تجرد کی بہت تعریف ہو، تاکہ شادی اُنکے ضمیروں کیلئے ایک جُرم بن جائے۔ وہ سنتے ہیں کہ صرف بھکاری کمال ہیں کیونکہ اُنکو اپنا ضمیر پیشے اور کاروبار کیوجہ سے مجرم قرار دیتا ہے۔ وہ سنتے ہیں کہ انجیلی ترغیب انتقام لینے کیلئے نہیں ہے۔ اِس لیے کچھ اپنی نجی زندگی میں انتقام لینے سے خوف نہیں رکھتے کیونکہ وہ اِسکو تجویز سمجھتے ہیں نہ کہ حُکم۔ دوسرے یہ سمجھتے ہیں کہ مسیحی مُنصف کا منصب صحیح طریقے سے معاشرتی عہدہ نہیں رکھ سکتے۔

ایسے آدمیوں کی مثالوں کا اندراج قلمبند ہو چُکاہے جنہوں نے شادی اور جمہوری حکومت کے انتظام ترک کر کے اپنے آپ کو خانقاہوں میں پوشیدہ کر لیا ہے، وہ اِس کو ''دُنیا سے فرار'' کہتے ہیں اور ''خُدا کی زیادہ پسندیدہ زندگی کی قِسم کی تلاش'' کہتے ہیں۔ لیکن وہ یہ نہیں دیکھتے کہ ہمیں خُدا کی خدمت اُسکے احکامات جو اُس نے خود دیے، سے کرنی چاہیے۔ بہتر اور کامل زندگی وہ ہے جس میں خُدا کے احکام ہیں۔ یہ ضروری ہے کہ آدمیوں کو ان باتوں سے خبردار کریں۔ اس وقت سے بھی پہلے Gerson نے راہبوں کی اِس غلطی کی ملامت کی ہے، جو کاملیت کے بارے میں ہے۔ اور وہ اِس بات کی شہادت دیتا ہے کہ اِن دِنوں میں یہ ایک نئی بات تھی کہ خانقاہوں کی زندگی ایک کامل کیفیت ہے۔

وعدے بہت سے بُرے خیالات سے جُڑے ہوئے ہیں: کہ وہ حق بجانب ہیں کہ وہ مسیحی کاملیت کی تشککیل دیتے ہیں، وہ قانون اور حُکم کی حفاظت کرتے ہیں، اور وہ فرضِ منصبی سے زیادہ کام کرتے ہیں۔ یہ سب باتیں، کیونکہ وہ جھوٹے اور خالی دعوے کرکے وعدوں کو کالعدم اور بیکار بنا دیتے ہیں۔

مضمون XXVIII
مُنتخب کرنے کے اختیارات پر ایمان

بشپوں کے اختیارات کے بارے میں کافی بڑے اختلافات پائے گئے ہیں۔ اِن میں، کچھ چرچ کے اختیارات اور تلوار کے اختیارات میں شامل ہو گئے ہیں۔ اور اِس افراتفری کا نتیجہ بڑی جنگیں اور ہنگامے ہیں۔ اِس دوران Pontiffs نے اپنے اختیارات کی کُنجی سے، نہ صرف نئی رسومات قائم کیں اور مقدمات کے معاملوں سے اور بےرحمی سے برادری سے بے دخل کر کے ضمیروں پر بوجھ ڈالا بلکہ دُنیا کی بادشاہت چھیننے کی کوشش کر کے شہنشاہ کی سلطنت منتقل کرنی چاہی۔ اعلیٰ تعلیم یافتہ اور خُدا پرست لوگوں نے اِن غلط باتوں کی جو چرچ میں بہت عرصے سے ہو رہی تھیں، کی ملامت کی۔ اس لیے ہمارے اساتذہ نے لوگوں کے ضمیروں کو تسلی دی، اور اُنہیں چرچ اور تلوار کے اختیار کے فرق دیکھنے پر مجبور کیا۔ خُدا کے حُکم کے مطابق ہم ہرایک کا احترام کرنا سکھاتے ہیں، جیسے وہ خُدا کی بخشی ہوئی سب سی بڑی نعمت ہے۔ یہ، بحر کیف، ہماری رائے ہے: کہ اختیارات کی کُنجی، یا بشپوں کا اختیار، انجیل کے مطابق، خُدا کا حُکم اور زور ہے، کہ انجیل کی مُنادی کی جائے، ساکرامنٹ کا انتظام کریں اور گناہوں کو معاف کریں یا قائم رکھیں۔ اِس حُکم کو مسیح نے اپنے شاگردوں کو دِیا، یوحنّا 20:21-23: ’’جس

طرح باپ نے مُجھے بھیجا ہے اُسی طرح میں بھی تمہیں بھیجتا ہوں۔ اور یہ کہہ کر اُن پر پُھونکا اور اُن سے کہا روح القُدس لو۔ جِن کے گناہ تم بخشو اُن کے بخشے گئے ہیں۔ جن کے گناہ تم قائم رکھو اُن کے قائم رکھے گئے ہیں۔ " اور مرقس 15: 16 میں: "اور اُس نے اُن سے کہا کہ تم تمام دُنیا میں جاکر ساری خلق کے سامنے انجیل کی مُنادی کرو۔ "

آدمی اِس اختیار کو استعمال کرتے ہیں جب وہ انجیل کی تعلیم اور بشارت دیتے ہیں اور ساکرامنٹ کا انتظام کرتے ہیں، چاہے تھوڑےیا زیادہ لوگوں کے درمیان، جیسا بھی اُنکا بلاوا ہو۔ کیونکہ یہ نا صرف بدنی اختیار ہوتا ہے بلکہ دائمی چیزوں کا بھی جیسے دائمی راستبازی، روح القدس اور دائمی زندگی۔ کوئی بھی یہ سب حاصل نہیں کر سکتا سوائے کلام اور ساکرامنٹ کی خدمت سے۔ جیسا پولُوس رومیوں 1:16 میں کہتا ہے، "اس لیے کہ وہ ہر ایک ایمان لانے والے کے واسطے نجات کے لیے خُدا کی قدرت ہے۔ " اسلئے چونکہ، چرچ اپنے اختیار سے دائمی چیزیں عطا کرتا ہے، اور یہ صرف کلام کی خدمت کرنے والوں کے استعمال میں ہوتا ہے، معاشرتی حکومت میں خلل نہیں کرتا؛ سوائے گیتوں سے اگر معاشرتی حکومت کو خلل ہوتا ہو۔ کیونکہ معاشرتی حکومت اور انجیل مختلف طریقے سے چیزوں میں برتاؤ کرتی ہیں۔ معاشرتی حکمران ذہنوں کا نہیں بلکہ جسم اور جسمانی چیزوں کا دفاع کرتے ہیں۔

وہ انسانوں کو واضح زخموں سے اور تلوار اور جسمانی ایذاء سے محفوظ رکھتے ہیں، تاکہ معاشرے میں انصاف اور امن قائم رہے۔

اس لیے ہمیں حکومت اور چرچ کے اختیارات کو خلط ملط نہیں کرنا چاہیے۔ چرچ کا اپنا منشُور ہے، انجیل کی تبلیغ کرنا اور ساکرامنٹ کا انتظام سنبھالنا۔ اُنکو اپنا دفتر دیکھنا چاہیے اور دنیاوی حکومت میں مداخلت نہیں کرنی چاہیے؛اِنکو مُنصفوں کے قانون کو منسُوخ نہیں کرنے چاہیے؛ اِنکو جائز اطاعت کا خاتمہ نہیں کرنا چاہیے؛ اِنکو معاشرتی ضابطوں کو جو انصاف کرنے سے تعلق رکھتے ہیں مداخلت نہیں کرنی چاہیے؛ اور نہ کوئی قانون مُرتب کرنا چاہیے جو عوام الناس سے تعلق رکھتا ہو۔

یوحنا 18:36 میں مسیح کہتا ہے، ''میری بادشاہی اِس دُنیاکی نہیں۔'' اور لوقا 12:14 میں، ''کِس نے مُجھے تمہارا مُنصِف یا بانٹنے والا مُقرر کیا ہے؟'' پولُوس بھی فلپیوں 3:20 میں کہتا ہے، ''ہمارا وطن آسمان پر ہے۔'' اور 2 کرنتھیوں 10:4 میں: ''اِس لیے ہماری لڑائی کے ہتھیار جسمانی نہیں بلکہ خُدا کے نزدیک قلعوں کو ڈھا دینے کے قابل ہیں۔''

اس طرح ہمارے اساتذہ ہر اختیار کے فرائض میں امتیاز کرسکتے ہیں اور ہمیں حُکم دیتے ہیں کہ ہم ہر تُحفہ اور خُدا کی برکت کوپہچانیں اور احترام کریں۔

اگر کسی بشپ کے پاس تلوار کی طاقت ہے، تو وہ انجیل کے منشُور کہ مطابق نہیں، بلکہ انسانی حقوق سے ہے،جو اُنہیں بادشاہوں اور شہنشاہوں سے ملتا ہے تاکہ وہ اپنی معاشرتی نظام میں عارضی جائیداد /سامان بنا سکیں۔ یہ بہر حال انجیل کی خدمت کے فعل سے الگ ہے۔

اسلیئے، جب ہم بشپوں کے دائرہ کار کے بارے میں سوال کرتےہیں تو، ہمیں چاہیے کہ معاشرتی حُکام کو کلییسائی حلقہِ انتظام میں فرق کو سمجھیں۔ پھر، انجیل کے مطابق یا''الہٰی حق سے'' جیسا وہ کہتے ہیں، کہ بشپوں کو کوئی اختیار نہیں ہے، وہ صرف اُن لوگوں کو جو کلام کی خدمت کرتے ہیں اور ساکرامنٹ کا انتظام جنکے سپُرد ہے، وہ گناہوں کی معافی بخشیں اور اُس جیسے نظریہ کا، کے مُنصف بنیں،انجیل کے خلاف تبلیغ کر نیوالوں کو مسترد کریں یا برادری سےچرچ کے شرارتی لوگوں کو خارج کریں، جنکی شرارت کلام سے تعلق رکھتی ہو نہ کہ انسانی طاقت سے۔ یہاں پر چرچوں کو ضرور ہے کہ انہیں الہٰی حق ہےکہ وہ اس پر عمل کریں۔ جیسا لوقا10:16 میں لکھا ہے،''جو تمہاری سُنتا ہے وہ میری سُنتا ہے۔ '' مگر جب وہ تعلیم دیتے ہیں یا ادارے قائم کرتے ہیں جو انجیل کے خلاف

ہے، تو خُدا کے حُکم کے مطابق کلیسیا کو اُسکی اطاعت نہیں کرنی ہے۔ متی 7:15 میں: ''جھوٹے نبیوں سے خبردار رہو۔ '' اور گلتیوں 1:8،''لیکن اگر ہم یا آسمان کا کوئی فرشتہ بھی اُس خوشخبری کے سِوا جو ہم نے تمہیں سنائی کوئی اور خوشخبری تمہیں سنائے تو ملعُون ہو۔ '' اور 2 کرنتھیوں 13:8,10 میں یوں لکھا ہے، ''کیونکہ ہم حق کے برخلاف کچھ نہیں کر سکتے مگر صرف حق کیلئے کر سکتے ہیں۔ '' اور ''مُجھے اِس اِختیار کے موافق سختی نہ کرنا پڑے جو خُداوند نے مُجھے بنانے کیلئے دیا ہے نہ کہ بگاڑنے کیلئے۔ '' اس لیے، یہ بھی ہے، Canonical قانون کے حُکم کے مطابق

(11. Question. VII. Chapter, Sacerdotes and Chapter, Oves)

اور Augustine لکھتا ہے

(Contra Petiliani Epistolan) ، ''ہمیں کیتھولک بشپ کے سامنے عاجز نہیں ہونا چاہیے اگر وہ غلط ہوں یا خُدا کی شریعت کے قانون کے بر خلاف کچھ کرتے ہوں۔ ''

اگر اُن کے پاس کوئی اور طاقت ہو یا قانون ہو، جسکے تحت وہ شادی یا دہ یکی کے معاملوں کے بارے میں مُنصف ہوں، یا اس طرح کے اور، اُن کے پاس یہ انسانی حقوق ہیں۔ ایسے معاملے جس میں عام لوگ ناکام رہتے ہیں

حُکمران پابند ہیں، چاہے اُنکی مرضی کے خلاف ہو کہ، وہ امن کو برقرار رکھنے کیلئے اِنصاف مُہیا کریں۔

اِسکے علاوہ، بشپوں اور پادریوں میں متنازعہ رہا ہے کہ اُنکے پاس چرچ میں تقریبات کا تعارف کروانے، کھانے پینے، مُقدس دِنوں اورعُہدے اور مرتبے دینے وغیرہ کا حق ہے۔ جو بشپوں کے اِس حق کا دعویٰ کرتے ہیں۔ یوحنا16:12-13کی گواہی کو رجُوع کریں۔ ''مجھےتم سے اور بھی بہت سی باتیں کہنا ہے مگر اب تم اُن کی برداشت نہیں کر سکتے۔ لیکن جب وہ یعنی رُوحِ حق آئے گا تو تم کو سچائی کی راہ دکھائے گا۔ '' اسکے علاوہ پولُوس کی یہ مثال بھی رجُوع کریں، اعمال 15:20 جس میں اُس نے خُون سے اور گلا گھونٹے ہوئے جانوروں سے پر ہیز کرنے کا حکم دیا ہے۔ وہ پاک سبت کا اشارہ کرتے ہیں جواب ''خُداوند کا دن''میں تبدیل ہوگیا ہے، برخلاف Decalog کے، جیسا نظر آتا ہے۔ سبت کے دن کے تبدیلی کے علاوہ اُنکے پاس اور کوئی مثال نہیں ہے جس کا وہ حوالہ دے سکیں۔ بہت خُوب، وہ کہتے ہیں، یہ چرچ کی طاقت ہے! اُس نے دس حُکموں میں سے ایک کو کلیسیا کے قانون سے سبکدوش کر دیا ہے۔ اسلئے اس سوال کے جواب میں ہمارے لوگ سکھاتے ہیں کہ، انجیل کے خلاف بشپوں کے پاس کوئی طاقت نہیں ہے کہ وہ کچھ تبدیل کریں۔ خُدا کا قانون بھی یہی سکھاتا ہے)Distinction 9 (۔ اس سےبھی زیادہ، یہ کلام کے خلاف ہے کہ گناہوں کی تسکین

کیلئے کوئی رسم قائم کی جائے یا راستبازی کمائی جاسکے۔ اِس طرح سے ہم مسیح کے جلال کو روکتے ہیں اور اعمال سے راستبازی حاصل کرنے کی کوشش کرتے ہیں۔ واضح طور پر بہر حال، اس رائے کیوجہ سے لا محدُود رسمیں چرچ میں بیدار ہو چُکی ہیں، اور اس کے ساتھ، ایمان اور ایمان کی راستبازی کی تعلیم کو دبایا جارہا ہے۔ اِسی وجہ سے اُنہوں نے بہت سے مُقدس دِن اور تہوار، روزے، اور نئی روایات قائم کی ہیں جو بزرگوں (اولیا) کی تعظیم کرنے کیلئے عبادت مقرر کی گئی ہیں، کیونکہ اِن باتوں کے بانی یہ سوچ رکھتے تھے کہ اعمال سے فضل کمایا جا سکتا ہے اور روزے رکھنا خُدا کو مطمئن کرنے کیلئے اچھا کام ہے؛ گناہ صرف وہی معاف کر سکتا ہے جس نے اُسے گناہ قرار دیا حالانکہ شریعت کہیں بھی گناہ کو مخصوص نہیں کرتی سوائے کلیسیائی سزا کے۔

چرچ کو کہاں سے یہ حق مِلا کہ وہ ایسی رسموں سے لوگوں کے ضمیروں کو گرفتار کریں، جب پطرس 15:10 میں شاگردوں کی گردن پر ایسا جُوا رکھنے سے منع کرتا ہے اور پولُوس 2 کرنتھیوں 13:10 میں کہتا ہے کہ وہ اُس اختیار کے موافق سختی کرے جو خُداوند نے اُسے بنانے کیلئے دیا ہے نہ کہ بگاڑنے کیلئے کیوں نہ کرے؟ مگر یہاں پر ایسی کئی گواہیاں ملتی ہیں جس سے پتہ چلتا ہے کہ وہ اِن رسموں سے باز رہنا چاہتے تھے، کیونکہ ان سے ایسا لگتا ہے کہ وہ گویا نجات حاصل کرنے کیلئے

ضروری ہوں اور فضل اُن کے ذریعے کمایا جا سکتا ہے۔ پولُوس کُلسیوں2:16, 23-20 میں کہتا ہے،''پس کھانے پینے یا عید یانئے چاند یا سبت کی بابت کوئی تم پر الزام نہ لگائے... جب تم مسیح کے ساتھ دُنیوی ابتدائی باتوں کی طرف سے مر گئے تو پھر اُن کی مانند جو دُنیا میں زندگی گزارتے ہیں انسانی احکام اور تعلیم کے موافق ایسے قاعدوں کے کیوں پابند ہوتے ہو۔ کہ اِسے نہ چھونا۔ اُسے نہ چکھنا۔ اُسے ہاتھ نہ لگانا۔ اِن باتوں میں اپنی ایجاد کی ہوئی عبادت اور خاکساری اور جسمانی ریاضت کے اِعتبار سے حِکمت کی صورت تو ہے مگر جسمانی خواہشوں کے روکنے میں اِن سے کچھ فائدہ نہیں ہوتا۔ '' اِسکے علاوہ طِطس 1:14 میں کُھل کر اِن رِیتوں کی مزاحمت کرتا ہے: ''اور وہ یہُودیوں کی کہانیوں اور اُن آدمیوں کے حُکموں پر توجہ نہ کریں جو حق سے گمراہ ہوتے ہیں۔ ''

اور مسیح، متی13, 15:14 میں اُنکے لیے کہتا ہے جو رسمیں چاہتے ہیں،''انہیں چھوڑ دو۔ وہ اندھے راہ بتانے والے ہیں اور اگر اندھے کو اندھا راہ بتائے گا تو دونوں گڑھے میں گریں گے۔ ''وہ ایسی عبادت کو رد کرتاہے۔ ''جو پودا میرے آسمانی باپ نے نہیں لگایا جڑ سے اُکھاڑا جائیگا۔ ''

اگر بشپوں کو یہ حق ہے کہ وہ چرچ کو بے شمار رسموں کے بوجھ تلے دبائیں اور ضمیروں کو پھنسائیں تو کلام

کیوں بارھا اِن کو سنُنے اور منانے سے منع کرتا ہے؟ وہ اُن کو 1 تمیتھیس 4:1 میں ''شیاطین کا نظریہ'' کیوں کہتا ہے؟ کیا رُوح القدس نے بے سُود اِن باتوں کی پہلے ہی سے آگاہی نہیں دی؟

اِس لیے ایسے قانون انجیل کے خلاف ہیں، وہِ ان کو قائم کرتے ہیں جیسے یہ بہت ضروری ہوں یا یہ خیال پیش کرتے ہیں کہ وہ فضل دے سکتے ہیں، اور اِس سے یہ نتیجہ نکلتا ہے کہ بشپ صاحبان کو اِنہیں قائم کرنے کی اجازت نہیں ہے اور نہ ہی ایسی خدمت کی۔ بلکہ یہ ضروری ہے کہ مسیحی نظریہ کی آزادی کو چرچوں میں محفوظ رکھیں، خاص کر یہ کہ بندھن کے قانون کو واجب کرنا ضروری نہیں۔ گلتیوں 5:1، ''پس قائم رہو اور دوبارہ غلامی کےجوئے میں نہ جُتو۔ '' اِس لیے یہ ضروری ہے کہ، انجیل کے اہم مضمون کو برقرار رکھیں، جیسے، ہم فضل مُفت پاتے ہیں، مسیح پر ایمان رکھنے سے نہ کہ رسموں کی بجا آوری یا خدمت کے اعمال سے جو انسانوں کے تجویز کردہ ہیں۔

تو پھر، کیا، ہم کو خُداوند کے دن کے بارے میں سوچنا چاہیے جیسے ہم دوسرے دستُوروں کے بارے میں سوچتے ہیں؟ اس سوال کے جواب میں ہم یہ کہتے کہ بشپوں اور پادریوں کو ایسے قانون بنانے چاہیے، جو وہ چرچ کو ترتیب میں لانے کیلئے ہوں نہ کہ فضل کو کما سکیں اور

گنا ہوں سے تسلی پائیں یا وہ ضمیروں کو ضروری خدمت کیلئے جکڑ لیں اور یہ سوچیں کہ جیسے یہ قانون توڑنا گناہ ہو۔ اسلئے پولُوس نے 1 کرنتھیوں 11:5 میں قائم کیا، ”عورت بے سر ڈھکے دعا نہ کریں“، مترجم کو سُنا جائے تاکہ چرچ میں ابتری نہ ہو اور ایسےکئی اور۔

چرچ کیلئے مناسب ہے کہ ایسے قانون مقرر کرے جو محبت اور آسودگی کی خاطر ہوں تاکہ کوئی شخص دوسرے کو دلگیر نہ کرے اور تمام چیزیں چرچ میں ترتیب سے ہوں اور بغیر کسی اُلجھن کے، 1 کرنتھیوں 14:40 موازنہ فلپیوں 2:14 سے کریں۔ لیکن یہ سب اِس طرح کرو کہ کسی کے ضمیر پر کوئی بوجھ نہ ہو، نہ یہ کہ یہ نجات کیلئے ضروری ہیں، یا دوسروں کو گنہگار سمجھیں اگر وہ یہ قانون توڑیں۔ اسلیے اگر کوئی یہ کہے کہ اگر کوئی عورت سرڈھاپنے بغیر عام لوگوں میں جاتی ہے تو وہ کسی کو ناراض کر رہی ہے۔

خُداوند کا دن، ایسٹر، عیدِ پنتاکُس اور دُوسرے مُقدس دن اور رسوم کی ادائیگی اِسی زُمرے میں آتے ہیں۔ ان کو یہ غلط فہمی ہے کہ چرچ نے یہ ضروری سمجھا ہے کہ خُداوند کے دن کو سبت کے دن کی جگہ پر منائیں۔ کلام نے سبت کے دن کو اسلئے منسُوخ کیا کیونکہ انجیل میں یہ ظاہر کیا گیا ہے کہ موسیٰ کے تمام دستُور ترک کیے جا سکتےہیں۔ اور چونکہ یہ ضروری تھا کہ ایک دِن ایسا

مقرر ہو، جس کو خُداوند کیلئے مخصُوص کیا جائے تاکہ سب لوگ ایک مقررہ دن لازمی یکجا ہو سکیں۔ اور یہ دن اس لیے اور بھی زیادہ چنُا گیا تاکہ لوگوں کے پاس ایک مثال قائم ہوکہ مسیحی آزادی ہے کہ سبت کادن ضروری نہیں ہے۔

کچھ اور نہایت سخت دلائل پیش کیے گئے جو کہ قانون کو تبدیل کر کےنئی رسمیں بنائی گئیں، کیونکہ سبت کا دن تبدیل ہوا۔ ایسے کئی جُھوٹےخیالات پیدا کیے گئے کہ لاوی والی رسوم کی ابھی بھی چرچوں میں ضرورت ہے۔ اور مسیح نے شاگردوں اور بشپوں کے ذمے، نئی رسومات جو نجات کیلئے لازمی ہیں ایجاد کرنے کی اجازت دی ہے۔ آہستہ آہستہ چرچ میں اِس قسم کی خامیاں داخل ہو گئیں، اور یہ سب اس لیے کہ کیونکہ وہاں ایمان سےراستبازی کی پوری تعلیم نہیں دی گئی۔ کچھ لوگ بحث کرتے ہیں کہ خُداوند کا دن الہٰی حق نہیں ہے۔ وہ تجویز کرتے ہیں کہ مُقدس ِدنوں میں کتنا کام کرنا چاہیے۔ اب یہ بحث کیا ہے، سوائے ضمیروں کو پھانسنے کیلئے؟ گو کہ وہ رسموں کو واجب کرنے کی کوشش کرتے ہیں مگر جب تک وہ اُسکو لازم قرار نہ دیں، ورنہ وہ انصاف نہیں کر رہے ہیں۔ اور یہ رائے قائم رہے گی جب تک ایمان سے راستبازی اور مسیحی آزادی نہ ہوگی۔

شاگردوں نے حُکم دیا اعمال 15:20 میں: ''لہُو سے پرہیز کریں۔'' اب اِسے کون مانتا ہے؟ اور پھر بھی وہ گناہ نہیں کرتے، اگر تو وہ یہ کر رہے ہیں۔ کیونکہ شاگرد بھی اپنے آپ کو اپنے بھاری ضمیر کے بندھن میں باندھنا نہیں چاہتے تھے؛ اور اِس کو اِس لیے کچھ عرصے تک اس لیے منع کیا تاکہ وہ عقیدے کی راہ میں حائل نہ ہو۔ انجیل کا سب سے ٹھوس مقصد یہی حُکم ہے۔

بہت مشکل سے کوئی شریعت کو باضابطہ طور پر رکھا گیا ہے، زیادہ تر تو ہر روز وہ متروک ہوتی ہیں، وہ بھی جن کو بہت خیال سے رسموں میں سنبھالا گیا ہے۔ اور یہ ممکن نہیں کہ لوگوں کے ضمیروں کو مطمئن کیا جا سکے جب تک انصاف نہ ہو کہ شرع کو لائے بغیر کہ وہ کتنی ضروری ہے اور ضمیر کو وہ کوئی چوٹ نہ پہنچائے گی، چاہے وہ رسمیں ختم ہو جائیں۔

بشپ صاحبان، بہر حال شاید لوگوں کی قانونی نافرمانی کو برقرار رکھیں گے، اگر وہ رسمیں ادا کرنے کا اصرار نہ کریں جو اچھے ضمیر والے پوری نہیں کر سکتے۔ اب یہ تجرد کاحُکم دیتے ہیں، اور یہ تسلیم کرتے ہیں کہ جو یہ وعدہ کرتے ہیں کہ وہ انجیل کے پاک نظریے کی تعلیم نہیں دیں گے۔ چرچ بشپوں سے اپنے مرتبے کے عوض انصاف بحال کرنے کا مطالبہ نہیں کرتا؛جو، تاہم، اسکے باوجود مناسب ہے اچھے پادریوں کیلئے۔ یہ اِن سے صرف اس

بات کا مطالبہ کرتے ہیں کہ وہ بے جا بوجھ کو جو نئے ہیں، کیتھولک چرچ کے دستُور کے برخلاف حاصل کیے گئے تھے۔ شروع میں ایسا ہو سکتا ہے کہ، کچھ قانون، کسی خوشنما وجہ سے،قائم کیے گئے ہوں، مگر بعد کے وقت میں وہ اس لائق نہ ہوں۔ یہ بھی عیاں ہوا ہے کہ وہ غلط طور پر قبول کر لیے گئے تھے۔ اسلئے یہ پوپ کی نرمی پر منحصر ہے کہ وہ اُن کو کم کرے، کیونکہ ایسی تبدیلی جس نے چرچ کی یگانگت کو متاثر کیا،بہت سی انسانی رسمیں وقت کے ساتھ تبدیل ہو گئی ہیں۔ جیسا کہ شریعت میں نظر آتا ہے۔ مگر یہ نا ممکن ہے کہ اِن کو کم کرکے کوئی اپنے آپ کو گناہ سے بچا سکتا ہے۔ ہم سب پابند ہیں شاگردی کے اصول کے، اعمال 5:29 جو حُکم کرتا ہے کہ خُدا کی فرمانبرداری کرو نہ کہ انسان کی۔ پطرس نے، 1 پطرس 5:3میں بشپوں کو حاکم بننے سے، اور چرچوں پر حکومت کرنے سے منع کیا ہے۔ ہماری یہ آرزُو نہیں ہے کہ بشپ کے نظام کی کھینچ تان کریں، صرف ایک چیز کہ وہ انجیل کی خالص تعلیم دینے کی اجازت دیں، اور کچھ پابندیوں کو نرم کریں جو گناہ کیے بغیر نہیں ہو سکتیں۔ لیکن اگر وہ یہ رعایت نہیں دیں گے تو وہ اپنی اس سرکشی کیوجہ سے خُدا کو جوابدہ ہونگے، جو ایک فرقہ کا سبب بنتا ہے۔

تصفیّہ:

یہ وہ کچھ اہم مضامین تھے جو بحث کا سبب ہے۔ تاہم اِسکے علاوہ بھی اور بہت سے رواج کے بارے میں بھی بات کر سکتے تھے، مگر اس کو غیر ضروری لمبا کیے بغیر صرف اہم نکتے سامنے رکھنا چاہتے تھے۔ اِن ہی سے باقی تمام سلسلے بڑی آسانی سے طے کیے جا سکتے ہیں۔ پادریوں کے حقوق، زیارتوں اور برادری سے خارج کرنے کے بارے میں بہت سی شکایات سامنے آئی ہیں۔ پادریوں کے حقوق کے طریقوں کے بارے میں کلیسیا کافی پریشان رہتی ہے۔ پادریوں اور راہبوں کے درمیان نہ ختم ہونے والی تکرار ہوتی رہی ہیں جو کلیسیائی حقوق، اقرار، تدفین، غیر معمولی خُطبے اور بے شمُار ایسی اور باتوں کے بارے میں ہیں۔ ہم نے اُن باتوں کو پس پیش رکھا اور اہم نکتوں کے بارے میں مختصراً سامنے لائے تاکہ یہ اچھی طرح سے سمجھے جا سکیں۔ ہم نے یہاں ایسا کچھ نہیں کہا یا حجت کی کہ کسی کو آڑے ہاتھوں لیں۔ صرف وہ باتیں دوبارہ کہی گئیں جو ہماری دانست میں ضروری تھیں، تاکہ یہ اچھی طرح سمجھ سکیں کہ نظریے اور رسُوم سے ہم کلام یاکیتھولک چرچ کے خلاف کچھ حاصل نہیں کرتے۔ یہ ظاہر کر سکتے ہیں کہ اگر ہم بے حد ذمہ داری سے مستعد رہ کر یہ دیکھیں کہ کوئی بھی نیا خُدا کے خلاف نظریہ ہمارے چرچوں میں داخل نہ ہونے پائے۔

ہماری تمنا ہے کہ ہم یہ مضامین ایسے پیش کریں جو آپکی شاہی فرمان سے مطابقت رکھتی ہو، تاکہ ہم اپنا اقرار پیش کر سکیں اور لوگ ہمارے اساتذہ کے نظریے کا خُلاصہ دیکھ سکیں۔ اگر کوئی یہ سمجھتا ہے کہ اس اقرار نامے میں کچھ کمی ہے، تو ہم تیار ہیں، خُدا کی مرضی ہوتو ہم اور زیادہ معلومات کلام کے مطابق پیش کر سکتے ہیں۔

آپکی شاہی عظمت کے وفادار رعایا:

Saxony, John منتخب کا Duke
Brandenburg, George کا Margrave
Lueneburg, Ernest کا Duke
Hesse, Philip کا Landgrave
Saxony, John Fredrick کا Duke
Lueneberg, Francis کا Duke
Anhalt, Wolfgang کا Prince
Senate اور Nuremburg کی Magistracy
Reutlingen کا Senate

www.ingramcontent.com/pod-product-compliance
Lightning Source LLC
Chambersburg PA
CBHW042316120626
46547CB00022B/2455
* 9 7 8 1 9 6 0 8 4 0 4 4 8 *